JN096388

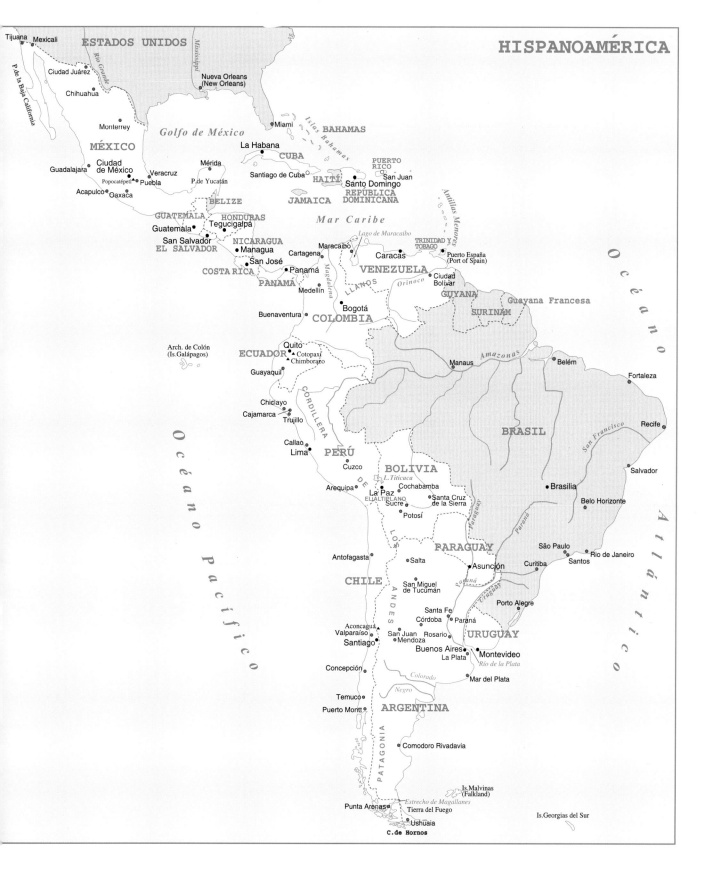

¡Imagínatelo!
Nueva edición

イラストで楽しもう、スペイン語！

改訂版

Masako Ura
Francisco Partida

Editorial ASAHI

音声ダウンロード

 音声再生アプリ「リスニング・トレーナー」（無料）

朝日出版社開発のアプリ、「リスニング・トレーナー（リストレ）」を使えば、教科書の音声をスマホ、タブレットに簡単にダウンロードできます。どうぞご活用ください。

まずは「リストレ」アプリをダウンロード

≫ App Store はこちら

≫ Google Play はこちら

アプリ【リスニング・トレーナー】の使い方

① アプリを開き、「コンテンツを追加」をタップ

② QR コードをカメラで読み込む

③ QR コードが読み取れない場合は、画面上部に　**55121**　を入力し「Done」をタップします

QR コードは㈱デンソーウェーブの登録商標です

Web 音声ストリーミング

http://text.asahipress.com/free/spanish/imaginatelokaitei

改訂版を出版するにあたり

　このテキストの初版を出してから5年が過ぎました。その間に多くの日本人やスペイン語ネイティブの先生方にご使用いただき、このテキストのアプローチの仕方に共鳴していただきました。改訂版にあたりそのコンセプトは変えてありません。

　各課の最初のページに、その課で使う語彙をイラストとともに紹介し、その語彙を覚え、次に対話練習からひとかたまりの場面の会話練習へと発展させます。その際、文字を追いながら発話するのでなく、さまざまな場面のイラストから語の意味や使う状況をイメージして練習することで、より実質的なことばの習得へと進められます。

　各課にコミュニケーションのテーマと文法の学習項目を示すことで学習内容が明確になり、イラストを見ながら実際に使うことでより文法知識の理解を深めることができます。

　大学でスペイン語を第二外国語としてはじめて学ぶ多くの学生は、知識を深め、新しい世界を開くため、スペイン語を使ってみたいと思っています。しかし、「文字から目を離して」自分で話す練習をするだけでは、それで正しいのか確認することができません。そこで改訂版では、書いて残しておくための「練習ノート」を付録としました。

　2020年度、教師も学生も今までと異なった学習法を体験しています。必ずしも教室内の学習でなくても、イラストを共有し、練習帳で確認をする授業を実践し、このテキストが大変有効なものであると確信しました。この改訂版を、ぜひ皆様にご利用いただきたいと思っております。

　最後に、貴重なご意見をくださいました多くの先生方、学生の皆さん、そして初版からずっと支えてくださいました朝日出版社の方々に心より感謝を申し上げます。

2020年9月　　浦　眞佐子

La nueva edición de ¡Imagínatelo!

　Hace 5 años que publicamos la primera edición de ¡Imagíínatelo! Muchos profesores japoneses y nativos están usando nuestro texto en sus clases. Esta nueva edición conserva lo esencial de la primera edición.

　La primera página de cada lección comienza con la sección VOCABULARIO donde se presenta el nuevo vocabulario con ilustraciones para facilitar su memorización, después PRACTICAMOS y AVANZAMOS diálogos cortos para practicar en diferentes situaciones cotidianas, y al final una conversación que engloba el contenido de la lección.

　Creemos que las ilustraciones les ayudan a recordar el vocabulario, para tratar de formar frases con la gramática de la lección más fácilmente que leyendo, es un método práctico de aprender. También, por experiencia sabemos que a la mayoría de los estudiantes universitarios japoneses que aprenden español como segunda lengua extranjera desean comprobar escribiendo lo que han dicho solo viendo los dibujos. Por eso seguimos usando el cuadernillo de ejercicios dónde están las frases semi terminadas correspondientes a los dibujos.

　En 2020, todos hemos tenido que aprender a dar las clases de idiomas en línea. Los autores de este texto estamos seguros de que los dibujos y el cuadernillo son muy útiles y fáciles de usar y sirven muy bien a los estudiantes. Esperamos que muchos profesores los usen.

　Por último agradezco mucho a los profesores que nos dieron consejos, a los estudiantes que nos orientaron con sus dudas, y sobre todo a la Editorial Asahi que nos han soportado mucho hasta ahora.

Francisco Partida

目次

Pg.	タイトル Título	テーマ Tema コミュニケーション Comunicación
1	**Introducción** あいさつをしよう！ ¡Vamos a saludar a los compañeros!	スペイン語の読み方を覚えて、クラスメートとあいさつをしよう。 Aprender a leer y a saludar en español a los compañeros de la clase.
7	**Lección 1** 友達になろう！ ¡Vamos a presentarnos!	クラスメートとあいさつをして、名前、職業、国籍や出身地を話そう。 Saludar y preguntar a los compañeros de la clase por su nombre, su profesión y su nacionalidad.
13	**Lección 2** 自分の生活を話そう！ ¡Vamos a hablar de las cosas que haces!	基本的な動詞を使って、毎日の生活を話そう。 Hablar de la vida diaria usando algunos de los verbos básicos.
19	**Lección 3** 家族の話をしよう！ ¡Vamos a hablar de la familia!	自分の家族のこと、名前、年齢、性格、容姿等を友達に話そう。 Describir cómo es tu familia; nombre, edad, físico, carácter, etc.
25	**Lección 4** 家はどこ？どんな部屋？ ¿Dónde está tu casa? ¿Cómo es tu habitación?	自分の部屋、家、住んでいるところについて話そう。 Describir cómo es tu casa, tu habitación y el barrio donde vives.
31	**Lección 5** 何が好き？何が嫌い？ ¿Qué te gusta? ¿Qué no te gusta?	自分の好きなものや好きなこと、嫌いなものや嫌いなことを話そう。 天気の説明ができるようにしよう。 Hablar de las cosas que te gustan o disgustan. Hablar sobre el tiempo atmosférico.
37	**Lección 6** 友達を誘おう！ ¡Vamos a invitar a un amigo!	友達を誘ったり、頼む表現を覚えて、買い物や食事をしよう。 Invitar o pedirle algo a un amigo: ir de compras o ir a comer fuera, etc.
43	**Lección 7** 1日、1週間の話をしよう！ ¡Vamos a hablar de lo que haces en un día o en una semana!	一日、一週間のスケジュールを話そう。 時間や曜日の表現を覚えよう。 Hablar de acciones cotidianas, planear un día o una semana. Aprender los días de la semana y las expresiones de la hora.
49	**Lección 8** プレゼントに何を贈ろう？ ¿Qué le regalamos?	誕生日やクリスマスに友達にプレゼントやカードを贈ろう。 目的語を、代名詞に替えて使う形を覚えよう。 Dar tarjetas o regalos de cumpleaños o de Navidad Aprender a usar los pronombres de O.D. y O.I..
55	**Lección 9** どうしたの？気分が悪いの？ ¿Qué te pasa? ¿Te sientes mal?	痛み、病気、体調が悪い時の表現を覚えよう。 相手にいろいろな表現でアドバイスをしよう。 Aprender las expresiones de dolor, enfermedad y estado anímico. Dar cosejos de diferentes formas.
61	**Lección 10** すみません、教えてください。 Perdón, ¿puede enseñarme...?	行ったことがある、食べたことがある等、経験を話そう。 道順や、料理の作り方等、相手に教えてもらったり、教えてあげよう。 Hablar sobre experiencias: "he ido a...", "he comido...". Dar instrucciones para ir a un lugar o para preparar platos.
67	**Lección 11** 過去の出来事を話そう！ ¡Vamos a hablar del pasado!	過去にしたことや旅行したことなどを話そう。 身近な人物の一生を話そう。 Hablar de tus viajes y cosas que hiciste. Contar sobre la vida de un familiar.
73	**Lección 12** 思い出を話そう！ ¡Hablamos de recuerdos!	子どもの頃のことや旅行の思い出を話そう。 Hablar de los recuerdos de tu niñez y de tus viajes.
79	発音と読み方の練習 Práctica de pronunciación	正しい発音と正しい読み方を練習しよう！ Aprender y practicar la pronunciación y la ortografía.

文 法 Gramática	文 化 Cultura	新しい語彙 Vocabulario
アルファベット、母音と子音、発音とアクセント、名詞の性 Alfabeto. Vocales y consonantes. Pronunciación y ortografía. Género de los sustantivos.	世界の国名、都市名など Nombres de países, ciudades o lugares	あいさつ、身近な名詞 Saludos. Sustantivos básicos. 教室で使うことば、数1〜10 Frases que se usan en la clase.
SER, ESTAR (1)、主語代名詞、国籍の性・数 疑問文・肯定文・否定文の語順とイントネーション Verbos "ser" y "estar (1)". Pronombres personales de sujeto. Género y número. Orden de las frases.	スペイン語圏の人の名前 Nombres y apellidos hispanos	国名と国籍 Nombre de países y nacionalidades. 職業 Profesiones.
規則動詞、直説法現在－AR, -ER, -IR、疑問詞、 名詞の数、冠詞、前置詞con, a, de、所有形容詞前置形 Verbos regulares en presente de indicativo. Interrogativos. Número de los sustantivos. Artículos. Preposiciones: con, a, de. Adjetivos posesivos.	ラテンアメリカの人種 Razas de Latinoamérica	基本的な動詞 Verbos básicos. 場所 Lugares.
TENER、IR、HACER、品質形容詞、 形容詞の比較級と最上級 Verbos "tener", "ir", "hacer". Adjetivos calificativos. Comparativos y superlativos de adjetivos.	スペイン語圏の人々 Personajes de España y Latinoamérica	親族を表す語、数11〜100 Árbol genealógico de la familia. 性格や容姿を表す形容詞 Adjetivos que expresan carácter.
SER, ESTAR(2)とHayの使い分け、 位置を表す副詞句や前置詞、状態を表す形容詞 Usos de los verbos "ser", "estar (2)" y "hay". Adverbios (locuciones adverbiales) para expresar lugares. Adjetivos para expresar situaciones.	スペインの地図 Mapa de España	家や室内にあるもの Muebles y cosas de la casa. 場所と位置 Lugares y localizaciones.
GUSTAR, TENER＋体調 天気・天候の表現 Verbo "gustar". Verbo "tener" + sensaciones físicas. "Hacer" + tiempo atmosférico.	スペインの都市や地方 Ciudades y regiones de España	食べ物、果物や野菜、色 Comida, frutas y verduras. Colores. スポーツ、天気に使う表現 Deportes. Expresiones para el tiempo.
語根母音変化動詞 QUERER, PODERの使い方、IR a＋不定詞 Verbos con cambio vocálico. Usos de los verbos "querer", "poder". El verbo "ir" a + infinitivo.	メキシコ・中南米の地図 Mapa de México, Centroamérica y Sudamérica	料理、衣類と持物 Platos. Ropa, accesorios y complementos. 数101〜100,000
再帰動詞、時間の表現 SALIR, LLEGAR, VENIR, VOLVER等の移動動詞 Verbos reflexivos. Expresiones de la hora. Verbos que expresan "movimiento".	メキシコと中米の都市や地方 Ciudades y regiones de México y Centroamérica	日常生活を表す動詞 Verbos de acciones cotidianas. 時間表現、曜日、頻度 La hora y los días de la semana. Expresiones de frecuencia.
目的語代名詞、現在分詞、現在進行形、DAR, REGALAR, AYUDAR, INVITAR等の動詞と目的語 Pronombres de O.D. y O.I. Presente continuo: "estar" + gerundio Verbos con objeto directo e indirecto.	クリスマスの話 La Navidad	年、月、日の言い方 La fecha. El año y los meses. 誕生日、祝い等での決まった挨拶 Saludos y felicitaciones.
動詞 DOLER, 命令形（tú の肯定命令のみ） TENER que…, Hay que…と CREER que…, DECIR que… Verbo "doler". Imperativo (tú, afirmativo)	サッカー：スポーツの王様 Fútbol: El rey de los deportes	体の部分の名称 Partes del cuerpo humano. 体調、感情を表すことば Adjetivos para expresar estados de ánimo y emociones.
現在完了形、SABERとCONOCER、 再帰受身、無人称文 se＋3人称単数 Pretérito perfecto. "Se" voz pasiva y "se" impersonal.	南米の国々や地域 Países y regiones de Sudamérica	料理に使う動詞、食材 Verbos para cocinar. Ingredientes. 道順を聞くための言葉 Preguntar direcciones.
直説法点過去　規則動詞、不規則動詞 SER / IR, VENIR, HACER, PODER, VER Pretérito indefinido (verbos regulares e irregulares)	ラテンアメリカ原産の野菜 Hortalizas que nacieron en Latinoamérica	過去の時を示す表現 Marcadores del tiempo para el pasado. 生まれてから死ぬまで Desde nacer hasta morir.
直説法線過去、点過去と線過去の使い方、Cuando… Pretérito imperfecto. Uso del pretérito indefinido e imperfecto.	スペインやラテンアメリカの祭りと行事 Fiestas de España y Latinoamérica	子供の頃の習慣や行為 Costumbres en el pasado. 余暇活動や旅行でしたこと Actividades de tiempo libre o viajes.

p.83　文法のまとめ　補足説明　Explicación complementaria de gramática.

p.87　基数、序数、国名と国籍　Números cardinales y ordinales. Países y nacionalidades.

自己評価表
Autoevaluación

さあ、これからスペイン語の勉強を始めよう。
Vamos a empezar a estudiar español.

学習したことを自分で確認するために、勉強の節目ごとに自己評価表に日付を記入しながら勉強を進めよう。
Para saber cuánto español has aprendido y tu progreso escribe las fechas y la autoevaluación.

課	できるようになったこと Lo que puedo hacer.	少し un poco día / mes / año	だいたい más o menos día / mes / año	カンペキ! ¡perfecto! día / mes / año
Int.	アルファベットが読める。 Leer el alfabeto.	/ /	/ /	/ /
	あいさつができる。 Saludar.	/ /	/ /	/ /
	1~10の数字が言える。 Contar del 1 al 10.	/ /	/ /	/ /
	単語を正しいアクセントで読むことができる。 Leer las palabras con acento.	/ /	/ /	/ /
L.1	名乗って、初対面のあいさつができる。 Saludar y decir el nombre, presentarse por primera vez.	/ /	/ /	/ /
	職業・国籍・出身地を相手に聞いたり、答えたりできる。 Preguntar y contestar sobre la profesión y la nacionalidad.	/ /	/ /	/ /
	職業・国名・国籍を10ずつ言える。 Decir 10 profesiones, 10 nombres de países y 10 nacionalidades.	/ /	/ /	/ /
	動詞SER, ESTARを主語に合わせて、正しく活用できる。 Conjugar los verbos "ser" y "estar" en concordancia con el sujeto.	/ /	/ /	/ /
L.2	基本的な動詞を使って、毎日の生活について話せる。 Hablar de la vida diaria usando los verbos básicos.	/ /	/ /	/ /
	何を、誰と、どこで等について、質問できる。 Hacer preguntas usando: qué, con quién, dónde.	/ /	/ /	/ /
	規則動詞10個の活用ができる。 Conjugar 10 verbos regulares.	/ /	/ /	/ /
	名詞の性数変化を理解して、冠詞を付けることができる。 Reconocer el género y número de los sustantivos con sus artículos.	/ /	/ /	/ /
L.3	自分の家族のことを簡単に紹介できる。 Presentar a mi familia usando el vocabulario básico.	/ /	/ /	/ /
	年齢や職業、毎日行くところなどの質問ができる。 Preguntar la edad, la profesión o a dónde van las personas todos los días, etc.	/ /	/ /	/ /
	年齢、容姿、性格などの表現を使って、人物を比較で表せる。 Decir y comparar la edad, el carácter, el físico, etc. de las personas.	/ /	/ /	/ /
	不規則動詞TENER, HACER, IRの活用が正しくできる。 Conjugar los verbos "tener", "hacer" e "ir".	/ /	/ /	/ /
L.4	自分の部屋、家、家の近くについて簡単に話せる。 Describir cómo es mi casa, mi habitación y el barrio donde vivo.	/ /	/ /	/ /
	何が、いくつ、どんな等を使って、家などについて質問できる。 Preguntar qué hay, dónde está y la cantidad de cosas que hay en una casa.	/ /	/ /	/ /
	大学の構内について位置などを簡単に説明できる。 Localizar y explicar sobre los diferentes lugares de la universidad.	/ /	/ /	/ /
	SER, ESTAR, HAYの違いを理解して、正しく使える。 Entender la diferencia y el uso de "ser", "estar" y "hay".	/ /	/ /	/ /
L.5	自分の好きなことやモノ、嫌いなことやモノが言える。 Hablar de las cosas que me gustan o me disgustan.	/ /	/ /	/ /
	相手の好みを聞くことができる。 Preguntar las cosas que le gustan o le disgustan a otras personas.	/ /	/ /	/ /
	今日の天気や、日本の気候を言える。 Hablar del tiempo para hoy y del clima de Japón.	/ /	/ /	/ /
	動詞ESTAR、TENERを区別して、体調を表せる。 Expresar sensaciones físicas con "estar" y "tener".	/ /	/ /	/ /
L.6	友達を誘ったり、誘われたときの返事が適切にできる。 Invitar a un amigo y responder adecuadamente a su invitación.	/ /	/ /	/ /
	相手に何かすることを頼んだり、頼まれた時の返事ができる。 Pedir algo a un amigo y responderle.	/ /	/ /	/ /
	自分がしたいことの許可を相手に求めることができる。 Pedir permiso a alguien para hacer algo que quiero.	/ /	/ /	/ /
	語根母音変化動詞の母音変化の種類とその活用ができる。 Conjugar los verbos con cambio vocálico.	/ /	/ /	/ /

ここまでで新しい語彙、動詞39、名詞156、形容詞44、副詞（句）等23の合計262語（赤字で書かれた新出語は含まない）と、あいさつ等の表現、主語代名詞、冠詞、疑問詞、前置詞、数字1～1,000,000等が使えるようになった。

Vocabulario que hemos aprendido hasta la L.6: 39 verbos, 156 sustantivos, 44 adjetivos, 23 adverbios (locuciones adverbiales) etc., en total 262 (no se incluye el que está escrito en rojo). También aprendimos los saludos, los pronombres sustantivados, los artículos, los interrogativos, las preposiciones y los números del 1 al 1.000.000.

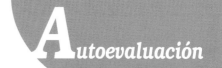

Autoevaluación

テキストはほぼ半分、どれくらいできるようになった？さあ、これから折り返し。

課	できるようになったこと Lo que puedo hacer.	少し un poco		だいたい más o menos		カンペキ！ ¡perfecto!	
		día / mes / año		día / mes / año		día / mes / año	
L.7	朝起きてから寝るまで、毎日することを話せる。 Hablar de lo que hago desde que me levanto hasta que me acuesto.	/	/	/	/	/	/
	今の時刻や何かするときの時刻を、質問したり答えたりできる。 Preguntar y contestar qué hora es y a qué hora hago algo.	/	/	/	/	/	/
	1週間のスケジュールや頻度を話すことができる。 Hablar de lo que hago en la semana usando las expresiones de frecuencia.	/	/	/	/	/	/
	再帰動詞を正しく活用できる。 Conjugar y usar los verbos reflexivos.	/	/	/	/	/	/
L.8	誕生日を質問したり、答えたりできる。 Preguntar y contestar sobre mi cumpleaños y el de otras personas.	/	/	/	/	/	/
	クリスマスや新年、お祝いの挨拶をしたり、簡単なカードが書ける。 Saludar y escribir tarjetas de Navidad y Año Nuevo u otras celebraciones.	/	/	/	/	/	/
	目的語の代名詞を使って、質問したり答えたりできる。 Usar los pronombres de O.D. y O.I.	/	/	/	/	/	/
	現在分詞を使って、現在進行形が作れる。 Hacer frases en presente progresivo.	/	/	/	/	/	/
L.9	痛み、病気、体調が悪い時の表現ができる。 Expresar dolor, enfermedad y estado de ánimo.	/	/	/	/	/	/
	体調の悪い相手に、いろいろな表現でアドバイスできる。 Dar consejos de diferentes formas a los amigos que se sienten mal.	/	/	/	/	/	/
	医者が言ったことや処方箋に書いてあること等を伝えられる。 Informar lo que dice el médico o las resetas, etc.	/	/	/	/	/	/
	Túの肯定命令形が使える。 Usar el imperativo afirmativo en segunda persona del singular.	/	/	/	/	/	/
L.10	旅行など経験したことを話すことができる。 Hablar de experiencias por ejemplo: un viaje que realicé.	/	/	/	/	/	/
	簡単な料理の作り方を説明できる。 Enseñar recetas de platos sencillos.	/	/	/	/	/	/
	道順を聞いたり、簡単な道案内ができる。 Preguntar y seguir instrucciones para ir a un lugar.	/	/	/	/	/	/
	過去分詞を作り、現在完了で表すことができる。 Hacer frases usando el pretérito perfecto.	/	/	/	/	/	/
L.11	昨日したことを話すことができる。 Hablar de lo que hice ayer.	/	/	/	/	/	/
	身近な人物の一生を話すことができる。 Contar sobre la vida de un familiar.	/	/	/	/	/	/
	自分の生い立ちを時間表現を加えて、話すことができる。 Contar lo que hice desde niño hasta ahora.	/	/	/	/	/	/
	動詞点過去を使った表現ができる。 Usar los verbos y las expresiones de tiempo en pretérito indefinido.	/	/	/	/	/	/
L.12	子どもの頃のことや習慣等、思い出を話せる。 Hablar de las costumbres y los recuerdos de mi niñez.	/	/	/	/	/	/
	自分がした旅行をそのときの状況とともに、話すことができる。 Contar sobre las circunstancias de un viaje que realicé.	/	/	/	/	/	/
	動詞線過去を使った表現ができる。 Usar los verbos y expresiones de tiempo en pretérito imperfecto.	/	/	/	/	/	/
	点過去と線過去を使って、過去の表現ができる。 Combinar el pretérito indefinido e imperfecto en oraciones simples.	/	/	/	/	/	/

7課以降は、動詞84、名詞125、形容詞18、副詞（句）等17の合計244語(赤字で書かれた新出語は含まない)と、目的語代名詞、疑問詞、動詞の現在完了、現在分詞、命令形 (tú)、点過去、線過去等、多くの活用形が使えるようになった。

Vocabulario nuevo que hemos aprendido desde la lección la L.7 hasta la L.12: 84 verbos, 125 sustantivos, 18 adjetivos, 17 adverbios (locuciones adverbiales) etc., en total 244 (no se incluye el que está escrito en rojo). También aprendimos los pronombres de OD., OI. y las nuevas conjugaciones de los verbos en gerundio, imperativo, Pret. Perf., Pret.Ind. y Pret. Imp.

まだよく覚えていないもの、忘れてしまったこと等、もう一度テキストを見直してみよう。

Vamos a revisar el texto para repasar lo que no has aprendido bien todavía o se te ha olvidado.

日付が全部入ったかしら？分かってくると、もっと楽しくなるわ。これからもがんばって！

あいさつをしよう！ ¡Vamos a saludar a los compañeros!

Tema

コミュニケーション : スペイン語の読み方を覚えて、クラスメートとあいさつをしよう。
Comunicación : Aprender a leer y a saludar en español a los compañeros de la clase.

文　　　法 : アルファベットは27字、母音はa, e, i, o, uの5つ。
Gramática : El alfabeto tiene 27 letras, 5 son las vocales: a, e, i, o, u.

スペイン語の単語には、アクセントの位置に規則がある。
Las palabras tienen reglas de acentuación prosódica.

スペイン語の名詞は、男性名詞・女性名詞に分類される。
Los sustantivos tienen género: masculino y femenino.

オラ！ 私はマリ。これから一緒に勉強しましょう。ここは、文法のポイントよ。

Vocabulario

A アルファベット Alfabeto. CD 1-2

大文字
小文字
文字の名称
Nombre de las letras.

アルファベットの読み方よ。

A	B	C	D	E	F	G	H	I	J	K	L	M
a	b	c	d	e	f	g	h	i	j	k	l	m
a	be	ce	de	e	efe	ge	hache	i	jota	ka	ele	eme

N	Ñ	O	P	Q	R	S	T	U	V	W	X	Y	Z
n	ñ	o	p	q	r	s	t	u	v	w	x	y	z
ene	eñe	o	pe	cu	ere (erre)	ese	te	u	uve	uve doble	equis	ye (i griega)	zeta

1. 下の略語を読んでみよう。 Lee las siguientes siglas. CD 1-3

CD	PC	DVD	USB	NHK	BBC	FBI	ONG	BMW

B あいさつ Saludos. CD 1-4

2. 声に出して読んでみよう。 Lee en voz alta los saludos.

Hola.

Hola.

Buenos días.

Buenas tardes.

Buenas noches.

Adiós.

Hasta luego.

Buenas noches.

Hasta mañana.

Hasta luego.

Adiós.

De nada.

Sí.

No.

Gracias.

Practicamos

A 母　音：a, e, i, o, u の 5 つ。特に u は日本語と異なる。口をつぼませて発音しよう。 CD 1-5

Vocales : a, e, i, o, u. La "u" se pronuncia estrechando los labios más que la "u" japonesa.

二重母音：a, e, o と i, u の組み合わせ、および iu, ui。　を強く、1 つの母音のようにつなげて発音しよう。

Diptongos : es la combinación de 2 vocales. Se pronuncia la vocal ▍ más fuerte y la siguiente de un solo golpe.

ai / ia　　ei / ie　　oi /io　　au / ua　　eu / ue　　ou / uo　　iu / ui

三重母音：3 つの母音を 1 つの母音のようにつなげて発音しよう。語末の y は /i/ の発音。

Triptongo : es la combinación de tres vocales seguidas. Se pronuncia de un solo golpe.
　　　　　 La "y" final se pronuncia como "i".

iai (iay)　　uai (uay)　　iei (iey)　　uei (uey)

a,e,o は強母音、
i,u は弱母音って
言うんだって。

B 子　音：　母音 a, e, i, o, u と組み合わせて発音しよう。次に単語を発音しよう。 CD 1-6

Consonantes: se pronuncian con las vocales. Lee las siguientes palabras.

ここの列は人の名前。

b	[b]		↑			Beto	banco
v	[b]					Vicente	vino
ch	[tʃ]					Charo	coche
d	[d]		a			Domingo	dedo
f	[f]					Fabio	foto
m	[m]		e			María	mesa
n	[n]					Nina	mano
ñ	[ñ]		i			Iñaqui	niño
p	[p]					Paloma	sopa
s	[s]		o			Sara	siesta
t	[t]					Tania	tomate
ll	[ʎ]		u			Guillermo	paella
y	[j]					Yolanda	yo
	[i] (語末)					Eloy	y
l	[l]					Lisa	pelo
r	[ɾ]					Carmen	pero
rr	[r̃]		↓			Rosa	perro

l は舌先を上歯茎の
裏につけてね。
語頭の r は rr の
発音で。

g	[g]	ga			go	gu	Gustavo	gato
		gue	gui				Miguel	guitarra
	[gw]	güe	güi					lingüística
	[x]		ge	gi			Gema	gigante
j	[x]	ja	je	ji	jo	ju	Juan	japonés
h	(無音)	ha	he	hi	ho	hu	Hugo	hijo
c	[k]	ca			co	cu	Camelia	cosa
	[θ, s]		ce	ci			Cecilia	cine
q	[k]		que	qui			Enrique	parque
z	[θ, s]	za			zo	zu	Gonzalo	zapato
x	[ks] [s]						Roxana	examen
	[x]							México
k	[k]						Katia	kilo
w	[w]						Walter	web

舌を挟んで発音でき
なくても大丈夫。

/x/ の発音や
k,w の文字は外国の
地名や外来語等で
使う場合よ。

C あいさつ 1　Saludos 1　

Buenos días, profesor.
先生、おはようございます。

Buenos días, Mari.
マリ、おはよう。

1. ペアになって、あいさつをしよう。　Saluda a tu compañero.

A : Buenos días, ＿＿＿＿＿（相手の名前）＿＿＿＿＿ .

B : Buenos días, ＿＿＿＿＿（相手の名前）＿＿＿＿＿ .

時間をかえたり、出会いや別れの場合等状況を変えて練習しよう。
Practica más fijándote en la hora del día y en la situación.

D あいさつ 2　Saludos 2　

¡Hola! ¿Qué tal?
やあ、（調子は）どう？

Bien, ¿Y tú?
いいわ、で、あなたは？

Bien.
いいよ。

2. クラスメートと上の会話をしよう。　Practica con tus compañeros.

E スペイン語の書き方　Ortografía.

1) 文頭と、国名・地名や人名等の固有名詞は、大文字で始める。
   Se escribe con mayúscula al empezar una frase o con los sustantivos propios como nombres de personas, países o lugares.

   Buenas tardes, Mari.　　¿Qué tal?　　Japón　　Madrid　　Taro Watanabe

2) コンマ (,) はcoma、ピリオド　(.) はpunto という。
   En español (,) se llama coma y (.) punto.

   Buenas tardes, profesor.　Adiós, hasta mañana.

3) 疑問符や感嘆符は、文の前後に付ける。
   Los signos de interrogación y admiración se escriben al principio y al final.

   ¡Hola!　　¿Y tú?

Avanzamos

A 数字 1〜10 Números.

1. 発音を繰り返そう。次に母音を書き入れてみよう。 CD 1-9

Escucha y repite las palabras con el profesor o usando el CD, luego escribe las vocales que faltan.

1 ___n___	**2** d__s	**3** tr__s	**4** c___tr___	**5** c__nc___
6 s___s	**7** s___t	**8** ___ch___	**9** n___v___	**10** d___z

2. ペアになって、ひとりが問題を、もうひとりが答えを言おう。交替して練習しよう。

Practica en pareja. Pregunta y responde alternando con tu compañero.

1	+	3	=	4		8	−	2	=	6
uno	más	tres	son	cuatro		ocho	menos	dos	son	seis

5 + 2 =	1 + 4 =	7 − 4 =	5 − 1 =
4 + 6 =	2 + 6 =	10 − 1 =	8 − 3 =
3 + 4 =	6 + 3 =	6 − 2 =	9 − 7 =

B 教室で使うことば Frases que se usan en la clase. CD 1-10

3. 先生が使うことば：先生のことばをよく聞き、その意味を手を使って、ジェスチャーで示してみよう。

Frases que usa el profesor: escúchalo y haz mímica con las manos.

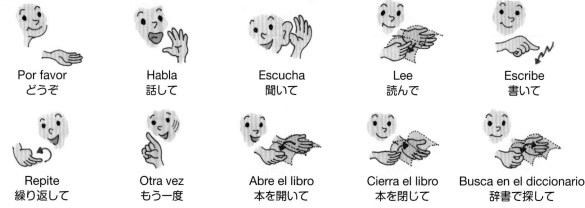

Por favor	Habla	Escucha	Lee	Escribe
どうぞ	話して	聞いて	読んで	書いて

Repite	Otra vez	Abre el libro	Cierra el libro	Busca en el diccionario
繰り返して	もう一度	本を開いて	本を閉じて	辞書で探して

4. 学生が使うことば：教室で先生に使ってみよう。Frases que usan los estudiantes: trata de usarlas en clase.

¿Cómo se dice 「本」en español?　　「本」はスペイン語で何と言いますか？

¿Puede repetir?　　　　　　　　　繰り返してもらえますか？

Más despacio, por favor.　　　　　　もっとゆっくりお願いします。

Conversamos

C 会話をしよう A conversar.

5. ペアになって次の会話をしよう。テキストは見ないで、A, B どちらも覚えよう。 CD 1-11

Memoriza la siguiente conversación y practica en pareja.

A : ¡Hola, _____!
B : ¡Hola, _____!　¿Qué tal?
A : Bien. ¿Y tú?
B : Bien, gracias.
A : Adiós.
B : Adiós, hasta mañana.

6. 覚えたら、他のクラスメートとお互いにあいさつをしよう。

Practica con otros compañeros sin ver la conversación.

A 次の単語を発音してみよう。Pronuncia las palabras con el profesor o usando el CD.

| mesa | silla | libro | examen | perro | zumo (jugo) | helado | paraguas |

| teléfono | avión | lápiz | árbol | flor | reloj | profesor | universidad |

注意１：br, fl は２重子音なので、間に u が入らないように、一気に発音する。他の２重子音は巻末 p.81 参照。
Hay que tener cuidado con br, fl que son consonantes inseparables. Se pronuncian sin meter "u". Consulta la p. 81.

注意２：語が子音で終わる場合は、その子音の発音の口のままで止める。-d は / t / または無音。
Hay que tener cuidado con la pronunciación de las consonantes y la "d" al final de las palabras, la lengua se detiene entre los dientes. -d /t/

1. どこを強く発音しているか、CDで **A** の単語をもう一度聞いて、絵の下にある文字を○で囲んでみよう。
Escucha otra vez las palabras de **A** y marca con un ○ la sílaba que se pronuncia más fuerte.

母音に注目！

2. **A** の単語を並べ替えてある。もう一度 を強く発音して、読んでみよう。
Lee las mismas palabras de **A** pero ahora están colocadas en diferente orden.

1) mesa　silla　libro　perro　jugo　helado　examen　paraguas
2) profesor　reloj　universidad
3) teléfono　árbol　avión　lápiz

２重母音は１つの母音と数えてね。

アクセントの規則：１語に１か所、強く発音する音節があり、その位置にアクセントがある。
Las reglas de acentuación: cada palabra tiene una sílaba (tónica) que se pronuncia con más intensidad.

1) 語尾が **母音、-n, -s** で終わる語は、＿＿＿＿＿＿＿＿＿＿の音節にアクセントがある。
En las palabras que terminan en vocal, "n" o "s", la sílaba tónica recae en la penúltima sílaba.

2) 語尾が **-n, -s 以外の子音** で終わる語は、＿＿＿＿＿＿＿＿＿の音節にアクセントがある。
En las palabras que terminan en consonante, que no sea "n" ni "s", la sílaba tónica recae en la última sílaba.

3) 例外：1)、2) の規則に合わない語は、強く発音する母音に＿＿＿＿＿＿＿（ ╱ ）をつける。
Excepciones: las palabras que no siguen estas 2 reglas llevan acento gráfico (tilde).

3. 次の単語のアクセントのある文字を○で囲もう。次に、CDや先生の発音を聞いて確認しよう。
Marca con un ○ donde tienen el acento las palabras. Después confirma escuchando el CD o a tu profesor.

hola　　　mañana　　　noche　　　ocho　　　examen　　　tardes
luego　　　teléfono　　　gracias　　　adiós　　　profesor　　　lápiz

B 名詞の性別：すべての名詞に文法上の性別がある。自然界に性別がないものも男女に分類される。
Los sustantivos tienen género: masculino o femenino.

―――― 男性名詞 ――――
padre 父, amigo 男友達, profesor
perro 雄犬, toro 雄牛
語尾が o：libro, helado, jugo
（ 例外：día 日 ）
その他：examen, lápiz, paraguas

女性名詞
madre 母, amiga 女友達, profesora
perra 雌犬, vaca 雌牛
語尾が a：mesa, silla, mañana
（例外：mano 手）
その他：flor, universidad, tarde

Práctica de pronunciación

Pronunciación 1 母音の練習 Vocales.

声に出して発音しよう。Pronuncia en voz alta.

A

i	u	e	o	a
a	i	u	e	o
a	e	i	o	u
e	o	u	a	i
u	i	o	e	a

B

i	ii	iii
u	uu	uuu
e	ee	eee
o	oo	ooo
a	aa	aaa

C

(ia)	piano	viaje	(ai)	aire	hay
(ie)	viento	asiento	(ei)	seis	veinte
(io)	edificio	violín	(oi)	oigo	hoy
(ue)	jueves	juego	(eu)	Europa	neutro
(ua)	cuatro	agua	(au)	auto	aunque
(uo)	antiguo	cuota			

D (ui) Luis   fui   cuidado   (iu) ciudad   ciudadano

注意して！
語末のyの発音は
"イ"よ。

これ以降の発音練習は、巻末に記載。 Las prácticas de pronunciación de las siguientes lecciones están en la parte final.

Cultura

世界の国名、都市名など
Nombres de países, ciudades o lugares

A 声に出して読んでみよう。Lee en voz alta.

A de Argentina		**G** de Grecia		**N** de Nueva York		**T** de Toledo
B de Brasil		**H** de Honduras		**Ñ** de España		**U** de Uruguay
C de Corea		**I** de Inglaterra		**O** de Osaka		**V** de Venezuela
Ch de China		**J** de Japón		**P** de Perú		**W** de Washington
D de Dinamarca		**K** de Kioto		**Q** de Quito		**X** de México
E de Estados Unidos		**L** de Londres		**R** de Rusia		**Y** de Yucatán
F de Francia		**M** de Machu Picchu		**S** de Singapur		**Z** de Nueva Zelanda

ペアになって、地図のアルファベットを読もう。もうひとりは**A**を見ながら地名を言ってみよう。

Trabaja en pareja. Uno lee la letra en el mapa y el otro compañero dice el nombre del lugar mirando **A**.
Después alterna con tu compañero.

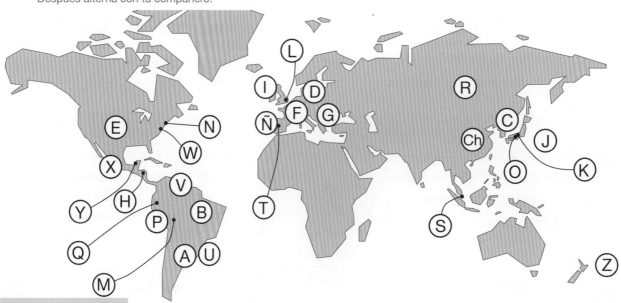

友達になろう！ ¡Vamos a presentarnos!

Tema

コミュニケーション	:	クラスメートとあいさつをして、名前、職業、国籍や出身地を話そう。
Comunicación	:	Saludar y preguntar a los compañeros de la clase por su nombre, su profesión y su nacionalidad.
文　　　　法	:	英語のbe動詞にあたるserとestarは、使い方が異なる。
Gramática	:	El verbo "to be" tiene 2 formas en español "ser" y "estar", y diferentes usos.
		疑問文、肯定文、否定文。否定文は動詞の前に no をつける。
		Hacer oraciones interrogativas y contestar afirmativa o negativamente.
		La negación se forma anteponiendo "no" al verbo.

Vocabulario

A 主語代名詞　Pronombres personales de sujeto. (CD 1-16)

B 職業　Profesiones. (CD 1-17)

profesora / profesor / profesores / estudiante / estudiante

médico　médica　empleado　empleada　市民課

enfermera　enfermero　secretaria/o　funcionario/a

国籍は小文字で
はじめようね。

C 国名と国籍　Nombres de países y nacionalidades. (CD 1-18)

国名	😊	😊	国名	😊	😊
México	mexicano	mexicana	España	español	española
	mexicanos	mexicanas		españoles	españolas
Argentina	argentino	argentina	Alemania	alemán	
				alemanes	
Brasil	brasileño		Japón	japonés	japonesa
		brasileñas			
China		china	Inglaterra	inglés	
	chinos				inglesas
Estados Unidos	estadounidense		Francia	francés	

Practicamos

A 動詞 ESTAR：〜です   Verbo "estar".   CD 1-19

> **¡Hola! ¿Cómo estás?**
> やあ、　　　元気ですか？

> **Estoy bien. ¿Y tú?**
> 元気です、　　君は？

動詞が主語によって変化するってことは、主語を省略することができるのね。

estar			
Yo	**estoy**	Nosotros / nosotras	**estamos**
Tú	**estás**	Vosotros / vosotras	**estáis**
Él / ella / usted	**está**	Ellos / ellas / ustedes	**están**

estarは身体的状態を表わす場合に使う。ここではあいさつの1つとして練習しよう。
"Estar" se usa para saludar y expresar el estado de ánimo.

スペイン語の動詞は主語の人称によって動詞の形が変化する。これを動詞の活用という。
Los verbos en español se conjugan de acuerdo al sujeto o al pronombre personal de sujeto.

1. 動詞 estar を活用しよう。   Conjuga el verbo "estar".

Yo _____ bien.   Tú _____ bien.

Él _____ bien.   Nosotros _____ bien.

Ellos _____ bien.   María _____ bien.

Vosotras _____ bien.   Laura y Juan _____ bien.

2. ペアになって、A, Bのあいさつを練習しよう。 Practica los saludos con tu compañero.

A：¡Hola! ¿Cómo estás?

B：Más o menos. ¿Y tú?

A：Muy bien.

あいさつの会話では、動詞を付けないで答えるほうが自然ね。ここではestarが省略されているね。

_____ 部分の表現を下のいろいろな状態の言葉と入れかえて、クラスメートと練習しよう。
Mira los dibujos y practica con tus compañeros.

muy bien　　　bien　　　regular　　　más o menos　　　mal

3. ペアになって、下の人の状態を質問しよう。動詞の形に注意しよう。
Pregunta a tu compañero. Usa la información de cada dibujo. Fíjate en la conjugación.

男性にはcansado、女性にはcansadaに注意！

A：¿Cómo está María?

B：Está muy bien.

María
/ muy bien

Juan
/ mal

Laura
/ regular

Ana y José
/ bien

Miguel
/ cansado
（疲れている）

Manuela
/ cansada

8

B 動詞 SER：〜です　Verbo " ser ".

Soy Juan. ¿Y tú?
ぼくはホアンです。君は？

Encantado.
よろしく。

Soy Mari. Encantada.
私はマリです。 よろしく。

> ここでも男性と女性
> で語尾が違うでしょ。
> 3課で勉強しよう。

ser			
Yo	**soy**	Nosotros / nosotras	**somos**
Tú	**eres**	Vosotros / vosotras	**sois**
Él / ella / usted	**es**	Ellos / ellas / ustedes	**son**

serは、名前、職業、国籍や出身地等を表わす場合に使う。
"Ser" se usa para decir el nombre, la profesión y la nacionalidad o el origen.

---

4. 動詞 **ser** を活用しよう。 Conjuga el verbo "ser".

Yo ＿＿＿＿＿＿＿ estudiante. 　　　Tú ＿＿＿＿＿＿＿ Ana.

Él ＿＿＿＿＿＿＿ José. 　　　Nosotros ＿＿＿＿＿＿＿ japoneses.

Ellos ＿＿＿＿＿＿＿ mexicanos. 　　　María ＿＿＿＿＿＿＿ española.

Vosotras ＿＿＿＿＿＿＿ enfermeras. 　　　Laura y Juan ＿＿＿＿＿＿＿ estudiantes.

---

5. ペアになって、疑問文・肯定文・否定文を作る練習をしよう。
Practica con tu compañero, preguntar y contestar afirmativa o negativamente.

Taro、Michiko等の名前を使って、否定文の練習をしよう。まわりのクラスメートとも練習しよう。
Usa el nombre Taro o Michiko y pregunta a otros compañeros.

A： Soy ＿＿＿＿＿. ¿Eres Michiko?　　　私は ＿(名前)＿ です。君はミチコですか？

B： No, no soy Michiko. Soy ＿＿＿＿＿.　　　いいえ、ミチコじゃありません。 ＿(名前)＿ です。

A： ¿Eres estudiante?　　　君は学生ですか？

B： Sí, soy estudiante. ¿Y tú?　　　はい、学生です。 君は？

A： Yo también. Encantado/a.　　　私もです。 よろしく。

B： Encantada/o.　　　よろしく。

---

6. 次の会話を聞こう。名前と職業は何だろう。
Escucha la conversación y escribe el nombre y la profesión.

1	**A**	Miguel	estudiante
	B	× Ana　→	
2	**A**	Carmen	secretaria
	B	× Juan　→	
3	**A**		empleado
	B	× María　→	× profesora　→

Avanzamos

A 職業をたずねる　Preguntar por la profesión.

¿Qué eres?
（職業は）何ですか？

Soy estudiante.
学生です。

1. 絵を見て、ペアで練習しよう。　Mira los dibujos y practica en pareja.

A：¿Qué es él / ella?　　　　A：¿Qué son ellos / ellas?

B：Es ＿＿＿＿＿＿ .　　　　B：Son ＿＿＿＿＿＿ .

B 国籍や出身地をたずねる　Preguntar la nacionalidad o el lugar de origen.

¿De dónde eres?
どこの出身ですか？

Soy japonesa, de Tokio.
日本人です。東京の出身です。

Soy de Madrid.
私はマドリッドの出身です。

地名の前には**de**が
必要、注意して！

2. クラスメートに出身地を聞こう。　Pregunta a tus compañeros.

A：¿De dónde eres?

B：Soy japonés / japonesa, de ＿＿＿＿＿＿ .

3. 絵を見て、ペアで練習しよう。　Mira los dibujos y practica en pareja.

A：¿De dónde es él / ella?　　　A：¿De dónde son ellos / ellas?

B：Es ＿＿＿＿＿＿ , de ＿＿＿＿＿ .　　B：Son ＿＿＿＿＿＿ , de ＿＿＿＿＿ .

Múnich

Nueva York

Madrid

Río de Janeiro

París

Londres

Pekín

Buenos Aires

A 会話をしよう　A conversar.

1. ペアになって次の会話をしよう。テキストは見ないで、A, Bどちらも覚えよう。

   Memoriza la siguiente conversación y practica en pareja.

   > A： ¡Hola!　¿Cómo estás?
   >
   > B： Muy bien. ¿Y tú?
   >
   > A： Bien.　Soy _____.
   >
   > B： Soy _____.
   >
   > A： ¿De dónde eres?
   >
   > B： Soy japonés/a, de _____.
   >
   > A： ¿Qué eres?
   >
   > B： Soy estudiante.
   >
   > A： Yo también soy estudiante. Soy de _____.
   >
   > B： Encantado/a.
   >
   > A： Encantado/a. Adiós.
   >
   > B： Adiós.

2. クラスメートとロールプレイをしよう。　Practica con tu compañero, usa las fichas **A** y **B**.

   ロールカード

A	**B**
1. あいさつ、**B**に元気かどうか聞く。 2. 体調を答えて、名乗る。 3. **B**の出身地を聞く。 4. **B**の職業を聞く。 5. 自分も職業と出身地をいう。 6. よろしく、とあいさつをして別れる。	1. あいさつ、体調を答えて、**A**にも聞く。 2. 自分も名乗る 3. 質問に答える。 4. 質問に答える。 5. よろしく、とあいさつをする。 6. 別れのあいさつをする。

   相手とA, Bの役割を変えたり、他の相手とも練習しよう。

   Después intercambien los papeles y practica más con otros compañeros.

3. 次の会話を聞こう。下の表の空いているところに書き入れよう。

   Escucha 3 conversaciones y anota la información que falta.

		名前	職業	国籍	出身地名
1	**A**	Miguel	estudiante	español	Madrid
	B	Mari			
2	**A**			mexicano	Ciudad de México
	B	Nicole	profesora		
3	**A**		empleado		
	B	Carl			Múnich

Gramática

文法のまとめ Resumen gramatical

A. 主語代名詞

私	yo	私たち	nosotros / nosotras
君	tú	君たち	vosotros / vosotras
彼、彼女、あなた	él, ella, usted (Ud.)	彼ら、彼女ら、あなた方	ellos, ellas, ustedes (Uds.)

1) tú は**親しさ**、usted は**敬意**で使い分ける。テキストでは tú 「**君**」、usted 「**あなた**」と区別する。
2) 「私たち」「君たち」が女性だけの場合には nosotras, vosotras になる。

B. 国籍と職業

男・単数形の語尾	女・単数形	男・複数形	女・複数形
－o	o → a	男・単数形が －o, －e ＋s	女・単数形 ＋s
－子音	＋ a		
－e	－ e	男・単数形が －子音　　＋es	

職業では例外もある。（12 課 p.73 参照）

C. スペイン語の動詞 1

1) 主語の人称（1 人称、2 人称、3 人称）とその単数・複数かによって、語尾が 6 つに変化（＝**活用**）する。
2) tú と usted はどちらの内容も 2 人称だが、**usted** に続く動詞は **3 人称の活用形**になる。
3) ser, estar は語尾が不規則な活用をする**不規則動詞**。語尾が規則的に活用する規則動詞の学習は 2 課以降。
4) 活用形から主語が明確なら、**主語を省略**することができる。Usted は原則として省略しない。

D. 疑問文、肯定文、否定文の語順とイントネーション

疑問詞なしの疑問	¿動詞 ＋ (主語) .... ? [↗]
疑問詞ありの疑問文	¿疑問詞 ＋ 動詞 ＋ (主語) .... ? [↗][↘]
肯定文	Sí [↘], (主語) ＋ 動詞 .... [↘]
否定文	No [↘], (主語) ＋ no ＋ 動詞 .... [↘]

スペイン語圏の人の名前
Nombres y apellidos hispanos

A 名前 Nombres.

─ 男性の名前 ─

Andrés	Antonio	Carlos	David
Emilio	Fernando	Javier	Julio
Luis	Mario	Pablo	Raúl

女性の名前

Ana	Alicia	Dolores	Elena
Isabel	Julia	Lucía	Mercedes
Silvia	Sonia	Pilar	Raquel

一般的に –o なら男性、–a なら女性の名前が多い。p.2 にある名前も参考にしよう。
Generalmente los nombres de hombre terminan en "o" y de mujer en "a". Hay más nombres en la p. 2.

B 姓名 Apellidos.

Miguel	Ángel	Romero	Giménez	María	Luisa	Gonzales	Muñoz
名前	名前	父方の姓	母方の姓	名前	名前	父方の姓	母方の姓

名前を 2 つ持っている人も多い。 Es muy común tener 2 nombres.
既婚女性は、夫の父方の名字を使い、"la señora de Romero"「Romero 夫人」と呼ばれる場合もある。
A veces a las mujeres casadas se les llama por el apellido del esposo.

C 名前をたずねよう Pregunta el nombre.

¿Cómo se llama él / ella?　　　Se llama ....
　(彼、彼女の) 名前は？　　　　　(彼、彼女は) ....といいます。

¿Cómo te llamas?　　　　　　　Me llamo ....
　君の名前は？　　　　　　　　　私は............といいます。

Lionel Andrés Messi　　Penélope Cruz Sánchez

自分の生活を話そう！

¡Vamos a hablar de las cosas que haces!

Lección 2

Tema

コミュニケーション	:	基本的な動詞を使って、毎日の生活を話そう。
Comunicación	:	Hablar de la vida diaria usando algunos de los verbos básicos.
文法	:	規則動詞の3種類の語尾　-AR, -ER, -IRは、主語によって規則的に活用する。
Gramática	:	Verbos regulares -AR, -ER, -IR. Su conjugación concuerda con el sujeto de la oración.

疑問詞のある疑問文は、（前置詞＋）疑問詞＋動詞＋主語、の語順で作る。
Frases interrogativas con pronombres interrogativos: (Prep.) + Pron. Interrog. + verbo + sujeto.

冠詞（不定冠詞・定冠詞）は名詞の性・数に応じてつける。
Los artículos definidos e indefinidos concuerdan en el género y el número del sustantivo.

Vocabulario

A 動詞　Verbos.

hablar español / inglés / francés / chino

estudiar Comercio / Economía / Literatura

trabajar en una oficina

tomar el tren / el autobús

tomar café / agua

leer el periódico / una revista

comer solo(a) / con una amiga

ver* la televisión
*不規則動詞

ver* a un amigo

vivir en Tokio con mi familia

aprender español
con el profesor López

escribir un e-mail / una carta a un amigo

con, en, aは前置詞。
動詞の後に付いて、
いろいろな意味を持って
いるのよ。たとえば、
con: ～と、～に（習う）
en: ～で、～に
a: ～（人）に

B 場所　Lugares.

restaurante

hospital

supermercado

comedor

clase

escuela

biblioteca

casa

estación

C 定冠詞、不定冠詞と所有形容詞前置形　Artículos definidos e indefinidos y adjetivos posesivos.　*巻末 p.85 参照

定冠詞			
el	amigo	**los**	amigos
la	amiga	**las**	amigas
不定冠詞			
un	profesor	**unos**	profesores
una	profesora	**unas**	profesoras

所有形容詞前置形*		
私の	mi libro / carta	mis libros / cartas
君の	tu libro / carta	tus libros / cartas
彼の		
彼女の	su libro / carta	sus libros / cartas
あなたの		

13

A 規則動詞現在形の活用 Conjugación de los verbos regulares en presente. CD 1-26

Yo hablo español.
私はスペイン語を話します。

Nosotros comemos en un restaurante.
私たちはレストランで食べます。

Ellos viven en Tokio.
彼らは東京に住んでいます。

3つの動詞
を見比べて
みてね。

主語	不定詞	hablar	comer	vivir
Yo		hablo	como	vivo
Tú		hablas	comes	vives
Él / ella / usted		habla	come	vive
Nosotros/as		hablamos	comemos	vivimos
Vosotros/as		habláis	coméis	vivís
Ellos / ellas / ustedes		hablan	comen	viven

1. 規則動詞の現在形を活用しよう。 まず口頭で練習、次に書いて練習をしよう。
   Conjuga los verbos que están en infinitivo. Primero hazlo oralmente y después escríbelos.

   Yo (**hablar**) _____ inglés.

   Él _____ chino.

   Ellos _____ francés.

   Vosotras _____ español.

   Nosotros (**comer**) _____ en el comedor.

   Yo _____ con mi familia en casa.

   Ellos _____ con unos amigos.

   Usted _____ con los profesores.

   Tú (**estudiar**) _____ Comercio.

   Nosotros _____ Historia.

   María _____ Economía.

   Laura y Juan _____ Literatura.

   Ellos (**leer**) _____ un libro.

   Yo _____ una revista.

   Nosotros _____ el periódico.

   Tú _____ un libro en la biblioteca.

   Él (**trabajar**) _____ en un hospital.

   Yo _____ en un supermercado.

   Nosotras _____ en una tienda.

   Ellas _____ en la universidad.

   Ella (**vivir**) _____ sola.

   Nosotros _____ en Tokio.

   Vosotros _____ en Osaka.

   Yo _____ con mi familia en Tokio.

2. 主語をかえて文を作ろう。 Haz frases viendo los dibujos y usando los diferentes pronombres.

verはyoの時だけ
veoになる不規則
動詞なの…!

escribir
(yo / ella / vosotros / tú)

tomar
(él / tú / nosotros / ellos)

aprender
(usted / tú / ellas / yo)

ver
(yo / él / nosotros / tú)

B 疑問文、肯定文、否定文　〜を〜ですか。はい／いいえ、（それを）〜

¿Verbo + (objeto)...? Sí,..... / No, no.....

¿Hablas español?
（君は）スペイン語を話しますか？

Sí, hablo un poco.
はい、（私は）少し話します。

¿Y tú, hablas francés?
で、君は、フランス語を話しますか？

No, no hablo.
いいえ、話しません。

un poco: 少し

3. ペア（tú と yo）で練習しよう、Sí, No のどちらでも答えてみよう。 Practica en pareja, contesta sí o no.

C 〜（場所）で〜（人）と一緒に〜ですか。はい／いいえ、〜。 ¿V + en (lugar) / con (persona)? Sí, ... / No, no...

¿Vives en Tokio?
東京に住んでいますか。

Sí, vivo en Tokio.
はい、東京に住んでいます。

¿Vives con tu familia?
家族と一緒に住んでいますか。

No, vivo solo.
いいえ、一人で住んでいます。

4. ペアで練習しよう。前置詞 en + 場所、con + 人を付けて練習しよう。 Practica en pareja las preposiciones.

Mari / un amigo　　　Andrés / solo　　　Mari / sus amigos　　　Juan / un profesor

D 〜（人）に〜ですか。　はい／いいえ、〜。 ¿..........a (persona)...? Sí,.. o No, no...

¿Escribes un e-mail a tu amigo?
ボーイフレンドにメールを書いていますか。

No, escribo a mi familia.
いいえ、家族にメールを書いています。

5. ペアで練習しよう。目的語が人の場合、その目的語の前に前置詞 a をつけよう。
Practica en pareja. Pon la preposición "a" para personas antes del complemento.

niño：男の子
niña：女の子

su profesor

Mari

una niña

Mari / su amigo　　　　　tú / un amigo　　　　　Mari / un niño

15

Avanzamos

A 疑問詞を使ってたずねる　Preguntar usando los pronombres interrogativos.

> **¿Qué estudias?**
> 何を勉強していますか？

> **Estudio español.**
> スペイン語を勉強しています。

> **¿Dónde estudias?**
> どこで勉強していますか？

> **Estudio en la universidad.**
> 大学で勉強しています。

1. ペアで、疑問詞を使って質問をしあおう。　En pareja pregunta usando los interrogativos.

Juan

Mari

Ellas

Ella

B 前置詞＋疑問詞を使ってたずねる　Preguntar usando los pronombres interrogativos y verbos con preposiciones.

> **¿Dónde vives?**
> どこに住んでいますか？

> **Vivo en Saitama.**
> 埼玉に住んでいます。

> **¿Con quién vives?**
> 誰と一緒に住んでいますか？

> **Vivo con mi familia.**
> 家族と一緒に住んでいます。

2. 前置詞に注意して、疑問詞を使った質問をしよう。Haz preguntas. Usa los pronombres interrogativos y las preposiciones.

tú　　　　ellos　　　　　　　　Juan　　Laura

la enfermera

3. グループになって、次の絵からいろいろな主語や疑問詞を使った質問をしよう。
En grupo, haz preguntas usando los pronombres interrogativos del recuadro.

「～に教える」なら、
enseñar a～でOK.
でも、「～に習う」なら
aprender con～よ。
忘れないで!

> ¿Qué～? / ¿Dónde～? / ¿A quién～? / ¿Con quién～?

Andrés　　　　　　Mari　　　　Andrés y Mari　　　Mari　　el profesor López

16

Conversamos

Lección 2

A 会話をしよう　A conversar.

1. ペアになって次の会話をしよう。＿＿＿＿＿のところは自分のことについて答えよう。 CD 1-32

　Practica la conversación en pareja. Contesta ＿＿ con tu propia información.

> A：¿Hablas español?
> B：Sí, un poco. Estudio en la universidad.
> A：¿Qué estudias en la universidad?
> B：Estudio Comercio.
> A：¿Trabajas?
> B：Sí, trabajo en un restaurante en Tachikawa.
> A：Yo también trabajo. Pero en un supermercado.
> 　　¿Dónde vives?
> B：Vivo en Tachikawa.
> A：¿Vives con tu familia?
> B：No, vivo solo.
> A：Yo vivo con mi familia en Yokohama.
> 　　Todos los días como en casa. ¿Y tú?
> B：Yo no. Como con mis amigos en el comedor.
> A：Adiós.
> B：Hasta mañana.

también：〜もまた
pero：でも
todos los días：毎日

B 作文をしよう　A escribir.

2. 会話をもとに、自分の生活について書こう。tomar, escribir, leer, ver等も使ってみよう。

　Escribe sobre tu vida. Puedes usar más verbos: tomar, comer, escribir, etc.

Yo ＿＿＿＿＿＿＿＿＿＿＿＿＿＿＿＿＿＿＿＿＿＿＿＿＿＿＿＿＿＿＿＿＿＿

＿＿＿＿＿＿＿＿＿＿＿＿＿＿＿＿＿＿＿＿＿＿＿＿＿＿＿＿＿＿＿＿＿＿＿＿

＿＿＿＿＿＿＿＿＿＿＿＿＿＿＿＿＿＿＿＿＿＿＿＿＿＿＿＿＿＿＿＿＿＿＿＿

＿＿＿＿＿＿＿＿＿＿＿＿＿＿＿＿＿＿＿＿＿＿＿＿＿＿＿＿＿＿＿＿＿＿＿＿

3. クラスメート2人にAの会話を参考に質問して答えを書き入れよう。そのうち1人の生活について作文をしよう。

　Pregunta a dos compañeros y escribe sobre la vida de él o ella. Luego escribe sobre la vida de uno de esos amigos.

名前　Nombre		
スペイン語を話しますか？	Él / Ella	
大学で何を勉強していますか？		
働いていますか？　どこで？		
どこに住んでいますか？		
家族と一緒に住んでいますか？		
誰と一緒にご飯を食べますか？		
メールを書きますか？		
誰にメールを書きますか？		
テレビを見ますか？		

Mi amigo/a (nombre) ＿＿＿＿＿＿＿＿＿＿＿＿＿＿＿＿＿＿＿＿＿＿＿＿＿

＿＿＿＿＿＿＿＿＿＿＿＿＿＿＿＿＿＿＿＿＿＿＿＿＿＿＿＿＿＿＿＿＿＿＿＿

＿＿＿＿＿＿＿＿＿＿＿＿＿＿＿＿＿＿＿＿＿＿＿＿＿＿＿＿＿＿＿＿＿＿＿＿

＿＿＿＿＿＿＿＿＿＿＿＿＿＿＿＿＿＿＿＿＿＿＿＿＿＿＿＿＿＿＿＿＿＿＿＿

Lección 2

Gramática

文法のまとめ Resumen gramatical

A. スペイン語の動詞 2

1) 動詞の**不定詞**とは、活用していない形をいう。辞書で動詞の意味等を調べるときは、この不定詞で探す。
2) 動詞の不定形の**語尾**は -AR,-ER,-IR の**3種類**だけ。規則動詞か不規則動詞かは、不定詞では分からない。
3) 規則動詞は語尾が規則的に活用する。活用語尾の形が人称と時制を表す。語尾の前の部分を**語根**という。
4) 不規則動詞は、その動詞だけの不規則な形を持つ動詞である。

B. 疑問詞

| ¿Qué～? / ¿Cómo～? / ¿Dónde～? / ¿De dónde～? / ¿A quién～? / ¿Con quién～? |

1) 疑問詞は**アクセント記号**を付ける。
2) 疑問詞の答えとなる語に**前置詞**が付いていれば、**疑問詞の前**にも付ける。

¿**Con** quién vives?—Vivo **con** mi familia. ¿**A** quién escribes un e-mail?—Escribo un e-mail **a** mi amigo.

C. 名詞の数

単数形			複数形			
― 母音	libro	mesa padre	+ s	libros	mesas	padres
― 子音	hospital	televisión	+ es	hospitales	televisiones	
例外	lápiz	paraguas	z → c	lápices	単複同形	paraguas

単数形から複数形にするときに、アクセント記号がなくなる語がある。televisión → televisiones
反対にアクセント記号を付けるようになる語もある。examen → exámenes

D. 冠詞

1) 冠詞は名詞の**性**、**数に応じて**つける。
2) 定冠詞 el, la, los, las は特定のもの、すでに話題に出てきたものの前につける。
3) 不定冠詞 un, una, unos, unas は不特定なもの、初めて話題に出てきたものの前につける。

Cultura

ラテンアメリカの人種

Razas de Latinoamérica

ラテンアメリカの国々では、いろいろな人種の人々が様々な時代に移住して、混血の社会を作っている。

Las sociedades en Latinoamérica están formadas por la mezcla de varias razas que emigraron desde diferentes lugares en varias épocas.

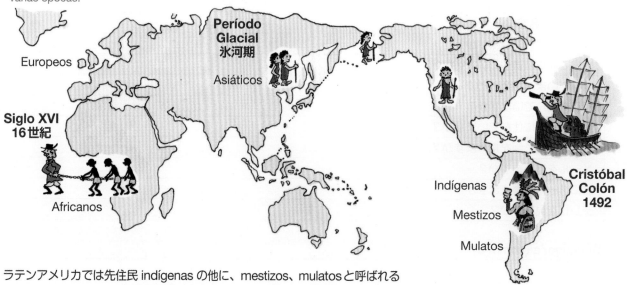

ラテンアメリカでは先住民 indígenas の他に、mestizos、mulatos と呼ばれる
ヨーロッパやアフリカとの混血の人々が多い。カリブ海沿岸の国々やブラジルでは mulatos が多い。

Latinoamérica es un continente de mayoría mestiza e indigena. Los mulatos se encuentran más en los países del Caribe y Brasil.

家族の話をしよう！ ¡Vamos a hablar de la familia!

Tema

コミュニケーション	:	自分の家族のこと、名前、年齢、性格、容姿等を友達に話そう。
Comunicación	:	Describir cómo es tu familia: nombre, edad, físico, carácter, etc.
文　　　　法	:	不規則動詞　tener, ir, hacerは、いろいろな表現に使える重要動詞である。
Gramática	:	"Tener", "ir" y "hacer" son verbos irregulares muy importantes con diferentes significados.

形容詞は、修飾する名詞の性や数によって語尾の形が変化する。
Fijarse en la concordancia de los adjetivos con el sustantivo al que se refieren.

形容詞の比較級には más...que、最上級には定冠詞＋más...de を使う。
Los comparativos se forman con más...que y los superlativos, artículo definido + más...de.

Vocabulario

A 家族図
Árbol genealógico de la familia.

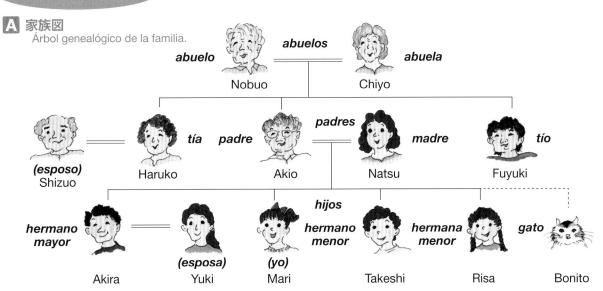

B 形容詞（動詞（＋名詞）＋） Adjetivos (verbo (+sustantivo) +)

bonita　simpático　inteligente　tener el pelo largo /corto

alto　bajo　gordo　delgado　alegre　serio　estar casada /soltera　tener los ojos grandes /pequeños

C 数　11〜100　Números. 🎵 CD 1-33

11	once	16	dieciséis	21	veintiuno	30	treinta	60	sesenta
12	doce	17	diecisiete	22	veintidós	31	treinta y uno	70	setenta
13	trece	18	dieciocho	23	veintitrés	32	treinta y dos	80	ochenta
14	catorce	19	diecinueve	28	veintiocho	40	cuarenta	90	noventa
15	quince	20	veinte	29	veintinueve	50	cincuenta	100	cien

Practicamos

A 動詞 TENER：〜持つ Verbo "tener" CD 1-34

> **¿Tienes hermanos?**
> 兄弟はいますか？
>
> **Yo no tengo hermanos.**
> 私は兄弟がいません。

> **Sí, tengo un hermano mayor.**
> はい、兄がひとりいます。
>
> **¿Y tú?**
> 君は？

tener			
Yo	*ten**go***	Nosotros/as	**tenemos**
Tú	**tie**nes	Vosotros/as	**tenéis**
Él / ella / usted	**tie**ne	Ellos / ellas / ustedes	**tie**nen

1. 動詞 tener を活用しよう。　Conjuga el verbo "tener".

Yo ＿＿＿＿＿ un hermano menor.　　　Nosotros ＿＿＿＿＿ una foto.

Él ＿＿＿＿＿ una hermana mayor.　　　Ellas no ＿＿＿＿＿ paraguas.

Ellos no ＿＿＿＿＿ hermanos.　　　María ＿＿＿＿＿ unos DVD.

Tú ＿＿＿＿＿ dos hermanos.　　　Vosotros ＿＿＿＿＿ un amigo mexicano.

> tenerは、
> 「持っている」って
> いう意味で、もち
> ろんモノもOK。

foto (fotografía)：写真

2. グループになって、互いに質問し合おう。　Practica en grupo.

A： ¿Tienes hermanos?

B： Sí, tengo dos hermanos menores.

> hermanoが複数なら、
> menor, mayorも
> 複数形にしてね。

3. ペアになって、p.19のMariの家族図を見ながら、次のように下線部を入れかえて、いろいろ質問してみよう。
Pregunta en pareja sobre la familia de Mari mirando su árbol genealógico de la p.19 y sustituye la palabra subrayada.

A： ¿Tiene hermanos Mari?

B： Sí, tiene un hermano mayor y dos hermanos menores.

(Mari / tíos, abuelos) (el hermano mayor de Mari / esposa, hijos), etc.

B 年齢をたずねる Preguntar la edad. CD 1-35

> **¿Cuántos años tienes?**
> 何歳ですか？
>
> **Yo también tengo dieciocho años.**
> 私も18歳です。

> **Tengo dieciocho años.**
> 18歳です。

> おっと！
> その前に、数字は
> 大丈夫？

año：歳、年

4. クラスメートと年齢を質問し合おう。
Practica con tus compañeros preguntándoles su edad.

5. 自分たちの兄弟のことや年齢（兄弟のいない人には両親の年齢等）を質問し合おう。 CD 1-36
Pregunta a tu compañero si tiene hermanos y su edad. (Si no tiene hermanos, pregunta la edad de los padres.)

A： ¿Tienes hermanos?

B： Sí, tengo un hermano mayor y una hermana menor.

A： ¿Cuántos años tienen?

B： Mi hermano mayor tiene veintidós años, y mi hermana menor tiene quince años.

C 動詞　HACER：〜する、IR + a：〜へ行く　Verbos "hacer" e "ir + a"

  CD 1-37

¿Qué hace tu hermano mayor?
君のお兄さんは何をしていますか？

Es estudiante.
彼は学生です。

Va a la universidad en Osaka.
大阪で大学に行っています。

hacer				ir	
Yo	*ha**go***	Nosotros/as	**hacemos**	**voy**	**vamos**
Tú	**haces**	Vosotros/as	**hacéis**	**vas**	**vais**
Él / ella / usted	**hace**	Ellos / ellas / ustedes	**hacen**	**va**	**van**

6. 動詞 ir を活用しよう。　Conjuga el verbo "ir".

目的地の前には、「〜へ」の前置詞 a を忘れないでね。

Yo _____ a la universidad.　　Tú _____ a la biblioteca.

Él _____ a la clase.　　Nosotros _____ a Shinjuku.

Ellos _____ a México.　　María _____ a España.

Vosotras _____ a Kioto.　　Laura y Juan _____ a Europa.

7. ペアになって、次の会話を練習しよう。　Practica en pareja.

　A： ¿A dónde va tu padre?　　　君のお父さんはどこへ行きますか？

　B： Mi padre va a la compañía.　　私の父は会社へ行きます。

次のことばに入れ替えて練習しよう．Practica cambiando el vocabulario.

  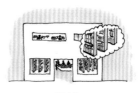

(tu hermano mayor)　　(tus padres)　　(tu hermana menor)　　(tu madre)　　(tú)

8. ペアになって、次の会話を練習しよう。　Practica en pareja.

　A： ¿Qué hace tu padre?

　B： Mi padre es empleado de una compañía.

　　Todos los días va a la oficina.

todos los días：毎日

まわりのクラスメートと、父、母、兄弟のことを質問しあおう。
Practica más con otros compañeros preguntando sobre sus padres y hermanos.

9. 次の会話を聞いて、Juan の家族図を完成しよう。Escucha la conversación y completa el árbol genealógico de Juan. CD 1-38

ama de casa：主婦

Avanzamos

A 人物の性格や容姿をたずねる　Preguntar por el carácter y el físico.

> **¿Cómo es tu madre?**
> お母さんはどんな人ですか？

> **Mi madre es muy alegre.**
> 母はとても明るい性格です。
>
> **Es un poco gorda y tiene los ojos grandes.**
> ちょっと太っていて、大きな目をしています。

1. ペアで練習しよう。Mira los dibujos y practica en pareja.

　　A：¿Cómo es él / ella?

　　B：Es ＿＿＿. Es ＿＿＿, y tiene ＿＿＿ .

2. 次に、ペアになった相手の両親や兄弟について容姿や性格をたずねよう。
Ahora, pregunta a tu compañero cómo son su padre, su madre y sus hermanos.

B 比較級を使ってたずねる　Preguntar usando los comparativos.

> **¿Quién es más alto, tú o tu hermano mayor?**
> 君とお兄さんと、どちらが背が高いですか？

> **Mi hermano es más alto que yo.**
> 兄のほうが私より背が高いです。
>
> **Yo soy tan alto como mi padre.**
> 私は父と同じくらい背が高いです。

3. 絵を見て、ペアで比較級の練習をしよう。Mira los dibujos y practica los comparativos en pareja.

Mari	Su hermano menor	Juan	Su hermano mayor	Mari	Su hermana menor	El padre de Mari	El padre de Juan

| 1,57 m. alegre | 1,73 m. alegre | 68 kg. 1,82 m. | 75 kg. 1,82 m. | el pelo largo 1,57 m. | el pelo muy largo 1,45 m. | 54 años 76 kg. | 58 años 68 kg. |

C 最上級を使ってたずねる。Preguntar usando los superlativos.

> **¿Quién es el más gordo de tu familia?**
> 家族の中で、誰が一番ふとっていますか？

> **Mi padre es el más gordo de mi familia.**
> 私の父が家族の中で一番ふとっています。

4. グループになって、クラスメートと次の質問をしたり、一緒に答えを考えよう。
En grupo, 1) Pregunta sobre la familia. 2) Pregunta sobre los compañeros de la clase.

　　1)　¿Quién es el más bajo (más delgado / más inteligente / menor) de tu familia?

　　2)　¿Quién es el más alto (más simpático / más alegre / más serio / mayor) de la clase?

A 会話をしよう　A conversar.

1. ペアになって次の会話をしよう。A, Bどちらも覚えよう。 CD 1-42

Memoriza la siguiente conversación y practica con tu compañero.

> A : Esta es la foto de mi familia.
> B : ¿Cuántos hermanos tienes?
> A : Tengo un hermano mayor y una hermana menor.
> B : ¿Cuántos años tiene tu hermano?
> A : Tiene veintiséis años.
> B : ¿Cómo es él? ¿Es inteligente?
> A : Sí, claro. Mi hermano es tan inteligente como yo.
>   Es alto, tiene los ojos grandes y........
> B : .... Bueno, ¿qué hace, está soltero?
> A : Sí, está soltero. Trabaja en una compañía.
>   ¿Y tú, tienes una foto de tu familia?
> B : Sí, tengo.
> A : Ahora vamos a hablar de tu familia.

esta：これ（巻末p.85参照）
ahora：今、これから
vamos a + 動詞：〜しましょう
hablar de....：〜について話す

2. クラスメートとロールプレイをしよう。 Practica con tu compañero, usando las fichas **A** y **B**.

1）家族や兄弟の写真を用意しよう。写真がない場合は、右に簡単な絵を入れて写真を作ろう。
Trae una foto de tu familia. Si no tienes haz un dibujo.

2）1.の会話を参考に、写真を使って会話しよう。
Practica como en la conversación 1, usando las fichas **A** y **B**, y tu foto o dibujo.

ロールカード

> **A** Bさんに自分の家族の写真を見せる。
> Bさんの質問に一つずつ答える。
> 容姿や性格を話すときは、いろいろな表現や比較級で答える。
> 職業を答えるときは、ir a 〜 も使う。
> Bさんに家族の写真を持っていないか尋ね、見せてもらう。

> **B** Aさんの家族の写真を見て、兄弟の人数を聞く。
> 兄弟や両親の中から一人選んで、その人物について年齢、容姿、性格、職業等を順番に一つずつ聞いていく。
> 自分の家族の写真を尋ねられたら、持っていると返事をする。

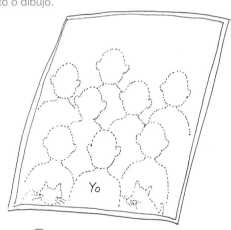

3. 次の会話を聞いて、内容があっていれば○、間違っていれば×をつけよう。 CD 1-43

Escucha la conversación. Marca ○ si es verdad y × si es falso.

( ) Ellos ven la foto de la familia de Mari.
( ) Mari tiene una hermana mayor y dos hermanos menores.
( ) Su hermano mayor está casado.
( ) Su hermano menor es más alto que Mari.
( ) Su padre tiene cincuenta y dos años.
( ) Su madre es un poco gorda, es muy alegre y es la más inteligente de la familia.
( ) Tienen un gato, se llama Bonito.

B 作文を書こう　A escribir.

4. 自分の家族のことを作文にして、グループになって発表しよう. また、それぞれ質問し合おう。
Escribe sobre tu familia y preséntasela a tus compañeros, luego haz preguntas.

Gramática

文法の整理 Resumen gramatical

A. 不規則動詞 TENER, HACER, IR

1) tenerは、モノの所有、家族の存在、年齢、また身体的状態の表現（5課参照）に使う。

2) ¿Qué haces? は、「職業をたずねる」と「今していることをたずねる」質問である。
   返事にはhacerを使わず、具体的な内容や行為を表す動詞で答える。

3) irは、目的地の前に前置詞aをつける。　　¿**A** dónde vas? － Voy **a** la universidad.

B. 品質形容詞（性質や特質を説明する形容詞）

1) 修飾する名詞の性・数により、語尾変化する。国籍・職業の語尾変化 (p.12) と比較すると＊が異なる。

男・単数形のとき	女・単数形	男・女　複数形
― o	o → a	単数形が －母音　＋s
― e	― e（変化なし）	
― 子音	― 子音 (変化なし)＊	単数形が －子音　＋es

2) 品質形容詞が直接名詞を修飾する場合、一般には名詞の後ろに置く。mi hermano mayor

C. 形容詞の比較級と最上級

1) más＋形容詞＋que で、形容詞の比較級ができる。

2) mayor (年上), menor (年下), mejor (より良い), peor (より悪い) は比較級の形なので、másを付ける必要がない。

3) tan＋形容詞＋como は、同等比較「同じくらい〜」。

4) 最上級は、主語の性・数に合わせて、定冠詞を付ける。「〜の中で」はde〜。

5) 比較級、同等比較、最上級の文では、主語の性・数に合わせ形容詞が語尾変化する。

 **Cultura**

スペイン語圏の人々
Personajes de España y Latinoamérica

スペイン語圏の6人の人物と、その写真である。右の写真からどんな人物か話してみよう。
Mira las fotos y lee los textos. Luego con tu compañero, trata de hacer preguntas sobre cada personaje.

1) **Salvador Dalí** (España, 1904〜1989)
   Pintor surrealista.
   Obras: La persistencia de la memoria, etc.

2) **María Eva de Perón** (Argentina, 1919〜1952)
   Actriz y política.
   La llamaban "Evita" en Argentina.

3) **Gabriel García Marquez** (Colombia, 1928〜2014)
   Escritor y periodista.
   Premio Nobel de Literatura, 1982.

4) **Ernesto Che Guevara** (Argentina, 1928〜1967)
   Revolucionario, político y médico.
   Hizo la Revolución cubana con Castro, 1959.

5) **Mario Vargas Llosa** (Perú, 1936〜)
   Escritor y político.
   Premio Nobel de Literatura, 2010.

6) **Rigoberta Menchú Tum** (Guatemala, 1959〜)
   Defensora de los Derechos Humanos.
   Premio Nobel de la Paz, 1992.

1)

2)

3)

4)

5)

6)

家はどこ? どんな部屋?

¿Dónde está tu casa? ¿Cómo es tu habitación?

Tema

コミュニケーション : 自分の部屋、家、住んでいるところについて話そう。
Comunicación : Describir cómo es tu casa, tu habitación y el barrio donde vives.

文　　　　　法 : 「〜あります」は、「何がある/いる」のhayと、「どこにある/いる」のestarとに使い分ける。
Gramática : El verbo "haber" (hay) se usa para expresar existencia y "estar" para ubicación.

状態を表す形容詞はestarと、性質や特徴を表す形容詞はserとともに使う。
Con el verbo "estar" y los adjetivos se expresa el estado, y con el verbo "ser" las características.

Vocabulario

A 家や室内にあるもの　Muebles y cosas de la casa.

Mari vive en un piso, tiene cuatro habitaciones; sala-comedor y tres dormitorios.

下の語を調べて、絵の中に入れてみて!

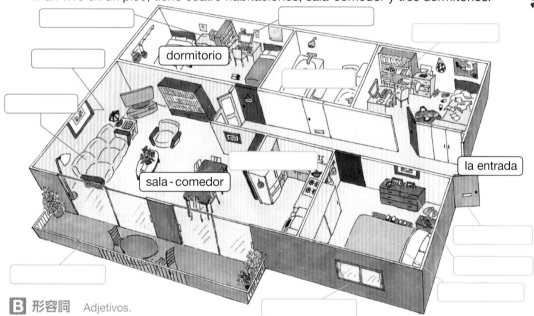

dormitorio

sala - comedor

la entrada

baño
cocina
terraza

puerta
ventana
cama
estantería
armario

escritorio
ordenador
cuadro
sofá

B 形容詞　Adjetivos.

nuevo

viejo

limpia

sucia

ordenado

desordenado

abierta

cerrada

C 位置を表すことば　Palabras para expresar localización.

sobre / encima de　　en　　　a la derecha de　　a la izquierda de　　al lado de　　al fondo

debajo de　　delante de　　detrás de　　entre~y　　cerca de　　lejos de

D 場所　Lugares.

apartamento

piso

cafetería

banco

tienda de conveniencia

parque

Practicamos

A 動詞 HAY：〜があります / います (存在) Verbo "haber (hay)"

¿**Qué hay en tu habitación?**
君の部屋に何がありますか？

Hay una cama, una mesa y muchos libros.
ベッドと机と本がたくさんあります。

muchos: たくさん

hay〜は英語の「There is〜、There are〜」と同じ構文。後続する名詞は単数でも複数でもhayは変化しない。

1. ペアになって、自分の部屋にあるものをいろいろ言ってみよう。
   Practica en pareja, contesta viendo los dibujos.

   A： ¿Qué hay en tu habitación?

   B： Hay un / una _____, _____ y _____ .

2. ペアになって、1.の絵を使い、肯定・否定の練習をしよう。
   Practica en pareja haciendo frases afirmativas o negativas con los dibujos de 1.

   A： ¿Hay <u>un ordenador</u> en tu habitación?

   B： <u>Sí, hay uno.</u> / <u>No, no hay.</u>

B 数量をたずねる Preguntar por la cantidad.

¿**Cuántas televisiones hay en tu casa?**
家にはいくつテレビがありますか？

Hay dos, una en la cocina y otra en el dormitorio.
2台あります。1台はキッチンに、もう1台は寝室にあります。

3. ペアやグループになって、クラスメートにテレビやパソコンがいくつあるか聞こう。
   Practica en pareja o en grupo preguntando cuántas televisiones, ordenadores, etc. hay en la casa de cada uno.

4. 下の絵を見ながら、それぞれの場所にいくつあるか質問しあおう。
   Pregunta la cantidad de cosas que hay en cada lugar.

注意して！
男性名詞の数
を尋ねる場合は
¿Cuántos...?
になるのよ。

5. Miguelの話を聞こう。Miguel の部屋はA〜Dのどれだろう。 Escucha a Miguel. ¿Cuál es su habitación?

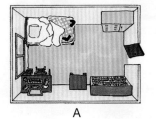 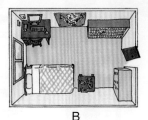 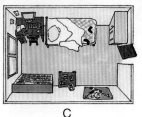 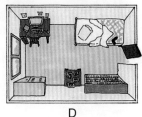

   A   B   C   D

C 動詞　ESTAR：〜にあります／います（所在）　Verbo "estar".

¿Dónde está tu casa?
君の家はどこにありますか？

¿Está cerca de la estación?
駅の近くにありますか？

Está en Tachikawa.
立川にあります。

No, está un poco lejos de la estación.
いいえ、駅からちょっと遠くにあります。

6. ペアやグループになって、クラスメートに相手の家の所在を聞こう。Practica en pareja o en grupo.

　　A： ¿Dónde está tu casa / piso / apartamento?

　　B： Está en Hachioji, cerca de la estación.

7. ペアになって、下の絵を見ながら所在を表すことばを練習しよう。Practica en pareja con los dibujos.

　　A： ¿Dónde está el gato / el libro / etc.?

　　B： Está _____ .

D SER ＋ 性質・特徴を表す形容詞、ESTAR ＋ 状態を表す形容詞　Ser + adj.(características), estar + adj.(estado).

¿Cómo es tu casa?
君の家はどんな家ですか？

Es pequeña y siempre está limpia.
小さいですが、いつもきれいです。

siempre：いつも

8. ペアになって、絵を見ながらser, estar のどちらを使って表現するのか、練習しよう。2文をつなぐ場合、y と pero のどちらを使うか、内容からよく考えよう。

Practica en pareja. Viendo los dibujos puedes elegir "ser" o "estar". Haz una frase con los 2 adjetivos y elige entre "y" o "pero".

 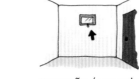 

grande / ordenada　　　　pequeña / cerrada　　　　guapa / alegre

人物の場合でも同様、性格や状態を表す時は、ser, estarのどちらを使うか考えて。

guapa：美人の

nueva / abierta　　　　nuevo / sucio　　　　alegre / cansado

Avanzamos

A P.25にあるMariの家の絵を見て、何があるか、いくつあるか、ある場所等の疑問文を作り、ペアで質問し合おう　Mira los dibujos de la casa de Mari de la p. 25 y practica en pareja.

1. 下の会話を完成しよう。続けてel comedor, los dormitorios等の部屋についても質問しよう。
   Completa los espacios usando las partes de la casa. Continúa practicando con el comedor y los dormitorios.

   A： ¿Cómo es la casa de Mari?

   B： Es un piso. Es moderno, _____ y / pero está _____ .　　　　mederno：モダンな

   A： ¿Cuántas habitaciones tiene?

   B： Tiene _____ .

   A： ¿Dónde está la sala?

   B： Está _____ .

   A： ¿Qué hay en la sala?

   B： Hay _____, _____, _____ y ....

   A： ¿Hay _____ en la sala?

   B： Sí / No, _____ .

   A： ¿Cuántos / Cuántas _____ hay en la sala?

   B： Hay _____ .

B ある大学構内の見取り図を見て、建物の位置をたずねる会話をしよう
   Viendo el plano de la universidad, con tu compañero localiza los diferentes lugares.

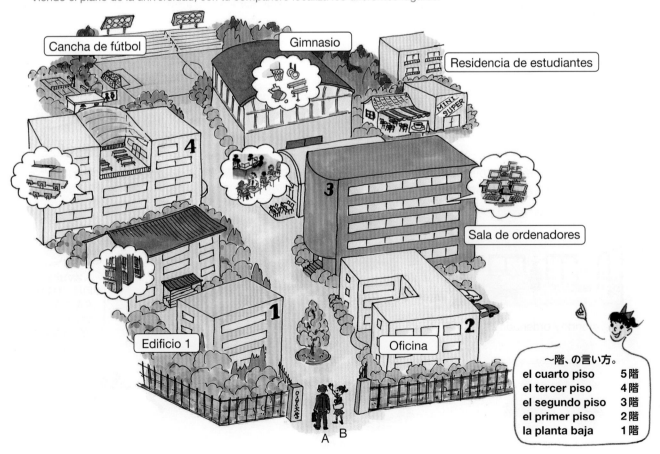

A 会話をしよう　A conversar. CD 1-49

1. ペアになって次の会話を読んで、内容をよく理解しよう。
Lee la siguiente conversación en pareja y asegúrate de entender el contenido.

> A： ¿Dónde vives?
>
> B： Vivo en Hachioji, cerca de la estación. ¿Y tú?
>
> A： Vivo solo/a en un apartamento cerca de la universidad.
>
> B： ¿Cómo es tu habitación?
>
> A： Es moderna, y está muy limpia.
>
> B： ¿Qué hay en tu habitación?
>
> A： Hay de todo, una cocina pequeña, un baño, un armario y una ventana grande.
>
> B： ¿Tienes muchos libros?
>
> A： Sí, están en la estantería al lado de la mesa.
>
> B： Es una habitación muy cómoda, ¿verdad?
>
> A： Sí, estoy muy cómodo/a en mi habitación.

Hay de todo. :
　　すべてある。
ser cómodo :
　　心地よい
estar cómodo :
　　くつろいで

2. 1.の会話を参考に、ペアになって自分の部屋と同じところ・違うところを5つずつ探して書き出そう。
Imitando la conversación 1 compara tu habitación con la de tu compañero y encuentra 5 cosas iguales y 5 diferentes.

同じところ Cosas iguales	違うところ Cosas diferentes

B 作文を書こう　A escribir.

3. 次の文章はMariが自分の家の近くについて書いたものである。読んでみよう。
Vamos a leer lo que escribió Mari sobre los alrededores de su casa.

　　Yo vivo con mi familia un poco lejos de la universidad. Mi casa **es** un piso, vivimos en el tercer piso. **Está** cerca de la estación, tomo el tren y el autobús para ir a la universidad. Cerca de la estación **hay** un supermercado grande, unos bancos, unos restaurantes y muchas tiendas. **Hay** un restaurante italiano entre el supermercado y el banco. **Es** muy bueno y siempre **está** lleno. Voy allí con mi familia a veces. Delante del restaurante **hay** un parque bonito. Siempre **está** lleno de flores y **es** muy grande. Mi casa **está** detrás del parque.

bueno : よい
allí : あちら
a veces : ときどき
del : de + el
lleno de : ～で一杯だ

4. 上の文を参考に、自分の家の近くについて書いてみよう。Ser, estar, hay を使い分けよう。
Siguiendo el modelo anterior, escribe sobre los alrededores de tu casa. Usa los verbos "ser", "estar" y "hay".

_____

_____

_____

_____

_____

Gramática

文法のまとめ　Resumen gramatical

A. 動詞 HAY と ESTAR の使い分け

1) hay は、**不特定**の（不定冠詞等を使った）もの・人が「ある、いる」を表す。

2) estar は、**特定**の（定冠詞等を使った）もの・人が「ある、いる」を表す。

3) あるかないかの**存在**を表す場合は hay、**所在**を表す場合は estar を使う。

Hay muchos estudiantes en la clase.　　El profesor no está en la clase.

¿Hay un gato sobre el sofá?　　　　　¿Dónde está el gato?

B. 動詞 SER と ESTAR の使い分け

1) ser, estar はどちらも英語の**be動詞**に相当し（2課参照）、名詞や形容詞が後続する。

2) ser は、**本質的**な性質や性格の形容詞と、また国籍、出身地や職業などの**永続的**内容の語と使う。

3) estar は、**一時的**な状態を表す形容詞と、また特定なもの・人の**所在**（A. 2）参照）に使う。

4) 後続する**形容詞**は、ser, estar のどちらにも使えるものがあるが、**意味が異なる**ので注意する。

Ella es alegre.（彼女は陽気な性格だ）　　Ella está alegre.（彼女は楽しそうだ）

La silla es cómoda y estoy muy cómodo.（椅子は座り心地がよくて、私はくつろいでいる）

C. 位置を表す前置詞や副詞句

1) 位置を表す前置詞や副詞句を含む語句は、一般的に主語・動詞（・目的語等）の後に置くが、hay…では文頭に置く場合も多い。

Hay un banco **cerca de la estación**.　　**Cerca de la estación** hay un banco.

Cultura

スペインの地図　Mapa de España.

スペイン各地には、その都市の有名な建造物や場所がある。大洋、山脈、地域等の言い方も覚えよう。

En cada región de España hay lugares famosos y cosas para disfrutar, visitar y ver. Vamos a aprender los nombres de las montañas, los mares y las regiones.

何が好き？ 何が嫌い？ ¿Qué te gusta? ¿Qué no te gusta?

Tema

コミュニケーション	:	自分の好きなものや好きなこと、嫌いなものや嫌いなことを話そう。
Comunicación	:	Hablar de las cosas que te gustan o no te gustan.
		天気や気候の説明ができるようにしよう。
		Hablar sobre el tiempo atmosférico y el clima.
文　　　法	:	動詞gustarはme, te, le.... を前に置いて、「私は、君は、彼は……が好きだ」を表す。
Gramática	:	El verbo "gustar" lleva los pronombres "me, te, le, nos, os, les" antes del verbo.
		天気を表す動詞は3人称単数形。hace＋名詞, llueve, nieva 等。
		El tiempo se expresa con los verbos en 3ª persona del singular; "hace" + sustantivo, "llueve" y "nieva".
		心身の状態を表す表現は、tener＋名詞、estar＋形容詞がある。
		Para expresar sensaciones físicas o emotivas se usa "tener" + sustantivo y "estar" + adjetivo.

Vocabulario

A スポーツ、色、季節…好きなこと、好きなもの Los deportes, la comida, los colores, las estaciones y las actividades.

空いているところに辞書で探して、ことばを書き入れよう。 Busca las palabras en el diccionario.

los deportes — baloncesto, béisbol, esquiar, nadar

la comida — pescado, pan, verdura

los colores — amarillo, verde, rosa, blanco

las estaciones — verano, otoño

jugar al tenis, ver partidos de fútbol, escuchar música, dormir, ver películas, cocinar, limpiar la habitación, ir de compras

B 天気 El tiempo.

hace buen tiempo　　hace mal tiempo　　hace calor　　hace frío

hace sol　　hace viento　　está nublado　　llueve (llover)　　nieva (nevar)

C TENER ＋ 体調（名詞） Sensaciones físicas.

calor　　frío　　sueño　　hambre　　sed

Practicamos

A 動詞　GUSTAR：～が好きです　Verbo "gustar". 🔘 CD 1-50

¿Te gusta el fútbol?
君はサッカーが好きですか？

A mí no me gusta.
私は嫌いです。

Sí, me gusta. ¿Y a ti?
ええ、好きです。　君は？

動詞の後ろの語が文法上の主語になるから、yoやtúの形は使わないの。

(A mí)	me		el fútbol.
(A ti)	te	gusta	
(A él)	le		nadar.
(A ella)	le	gustan	los deportes.
(A usted)	le		

(A nosotros/as)	nos		el tenis.
(A vosotros/as)	os	gusta	
(A ellos)	les		dormir.
(A ellas)	les	gustan	las frutas.
(A ustedes)	les		

1. me, te, le, nos, os, les と gusta, gustan を書き入れよう。　Rellenar con "me, te, le...." y " gusta o gustan".

A mí _____ _____ el tenis.　　　A ti _____ _____ los deportes.

A él _____ _____ esquiar.　　　A nosotros _____ _____ cantar.

A ellas _____ _____ las frutas.　　　A María _____ _____ ir de compras.

A vosotras _____ _____ el color rojo.　　A Laura y a Juan _____ _____ la carne.

2. ペアになって、下の絵を参考に相手の好きなもの、嫌いなものを聞こう。　Practica en pareja.

A： ¿Te gusta el béisbol?

B： Sí, me gusta el béisbol. / No, no me gusta el béisbol.

B どんな…が好きですか？　¿Qué .... te gusta más? 🔘 CD 1-51

¿Qué deporte te gusta más?
どんなスポーツが（より）好きですか？

Me gusta más el tenis.
私はテニスが（より）好きです。

3. クラスメートとグループを作り、スポーツ、色、食べ物、季節等の好みを質問し合おう。
Practica en grupo preguntando por sus gustos sobre...

Los deportes	Las estaciones	La comida	Los colores

4. 次に、クラスでクラスメートの好みを発表し合おう。同じ好みのクラスメートを探そう。
Ahora, comenta los gustos de un compañero al resto de la clase y busca quién tiene los mismos gustos.

C 相手の好みに同意する también と tampoco

El uso de "también y tampoco" para expresar coincidencia o diferencia. CD 1-52

Me gusta cocinar. ¿Y a ti?
ぼくは料理するのが好きです。君は（好きですか）？

A mí también.
私も（好きです）。

A mí tampoco.
ぼくも（嫌いです）。

Pero no me gusta limpiar.
でも、掃除は嫌いです。

Me gusta.... ☺ = ☺ A mí también.   No me gusta.... (xx) = (xx) A mí tampoco.

Me gusta.... ☺ ≠ (xx) A mí no.   No me gusta.... (xx) ≠ ☺ A mí sí.

5. **C**の会話のように返事の形に注意して、下の絵を使ってペアで練習しよう。Practica en pareja como en el ejemplo **C**.

A ☺ = B ☺   A (xx) ≠ B ☺   A (xx) = B (xx)   A ☺ ≠ B (xx)
pero B (xx) = A (xx)   y B ☺ ≠ A (xx)   pero B ☺ = A ☺   y B (xx) ≠ A ☺

hacer deporte

6. 自分の好みのところにチェックをしよう。次に、ペアになって**C**の会話のように相手の好みを聞こう。

Marca tus gustos, luego en pareja pregunta como en la conversación **C**.   no ... nada: 全く～ない

	Me gusta mucho.		Me gusta.		No me gusta mucho.		No me gusta nada.	
	A mí	A mi amigo	A mí	A mi amigo	A mí	A mi amigo	A mí	A mi amigo

7. 次の会話を聞いて、文を完成しよう。Escucha la conversación y completa las frases. CD 1-53

1) A Juan y a Miguel _____ gusta mucho _____.

2) A Mari _____ _____ ver los partidos.

3) Pero a Mari no le _____ _____ al fútbol, le gusta más jugar ____ _____.

4) A Mari no _____ gusta nada _____ pero a su _____ sí.

5) A Mari, a Juan y a Miguel ____ _____ gusta _____ su habitación.

6) A ellos _____ _____ mucho _____ en las fiestas.   bailar: 踊る、fiesta: パーティー

Avanzamos

A 天気をたずねる　Preguntar por el tiempo atmosférico.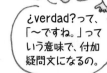

Hoy hace buen tiempo, ¿verdad?
今日はいい天気ですね。

Sí, hace sol y no llueve.
ええ、日差しがあって、雨は降っていません。

> ¿verdad?って、
> 「〜ですね。」って
> いう意味で、付加
> 疑問文になるの。

1. 絵を見て、今日の天気を質問し合おう。　Mira los dibujos y practica en pareja.

> A：¿Qué tiempo hace hoy?
>
> B：Hace sol y buen tiempo.

2. 次の季節の天気をクラスメートと話そう。　Con tu compañero, mirando los dibujos di qué tiempo hace en cada estación.

Estamos en verano.

Estamos en invierno.

en el norte

en el sur

en Tokio

norte：北
sur：南

B 心身の状態を表す　TENER + 名詞　Las sensaciones físicas y emotivas: "tener" + sustantivo.

Hoy hace calor, ¿verdad?
今日は暑いですね。

Sí, pero estoy resfriada y tengo frío.
ええ、でも私は風邪を引いていて、寒いです。

3. 絵を見て、estar, tenerのどちらを使って表現するか考えよう。
Mira los dibujos, elige "estar" o "tener" y haz una oración.

> 心身の状態をいうとき、
> estar＋形容詞、
> tener＋名詞、の
> 表現があるのよ。
> 注意して！

Mari

Miguel

ellos

ellos

el padre de Mari

nosotros

Laura

Mari y Juan

fiebre：熱

cueva：洞窟

miedo：恐怖

34

A 会話をしよう　A conversar.

1. ペアになって次の会話をしよう。テキストは見ないで、A, Bどちらも覚えよう。　**CD 1-56**
　　Memoriza la siguiente conversación y practica en pareja.

> A ： Hoy hace <u>calor</u>, ¿verdad?
>
> B ： Sí, hace <u>mucho calor</u>, y tengo <u>sed</u>.
>
> A ： Yo también tengo <u>mucha sed</u> y mucha hambre. ¿No tienes hambre?
>
> B ： Sí, tengo hambre. Vamos a comer.
>
> A ： Sí. ¿Te gusta <u>la carne</u> o <u>el pescado</u>?
>
> B ： A mí me gusta <u>la carne</u>. ¿Y a ti?
>
> A ： A mí también.
>
> B ： ¿Comemos <u>en el comedor de la universidad</u>?
>
> A ： No, <u>no es rica</u> la carne allí... Comemos en mi apartamento.　¿Te gusta cocinar?
>
> B ： A mí no me gusta cocinar.
>
> A ： No te preocupes. Yo cocino.
>
> B ： Gracias. Entonces vamos al supermercado, luego a tu apartamento.

no es rica：美味しくない
no te preocupes：
　　　君は心配しないで

2. クラスメートとロールプレイをしよう。　Practica con tu compañero.

　　1.の会話の下線部を次のような状況にかえよう。　Sustituye las palabras subrayadas de 1. por las situaciones siguientes.

> **状況1**：今日は天気が良い。2人とも眠いし、空腹だ。ご飯とパスタ (la pasta) では、2人ともパスタが好きだ。
> 駅の近くのレストランでは？…高い (Es caro.) ので、家で作る。

Situación 1：　Hoy hace buen tiempo. **A** y **B** tienen sueño y hambre. A los dos les gusta la pasta más que el arroz. El restaurante cerca de la estación es caro, deciden comer en el apartamento de **A**.

> **状況2**：今日は天気が悪い。2人とも寒いし、空腹だ。和食 (la comida japonesa) とスペイン料理 (la comida española)では、2人ともスペイン料理が好きだ。スペイン料理店 (el restaurante español) では？…遠い (Está lejos.) ので、家で和食を作る。

Situación 2：　Hoy hace mal tiempo. **A** y **B** tienen frío y hambre. A los dos les gusta la comida española más que la comida japonesa. Pero el restaurante español está lejos, deciden comer comida japonesa en el apartamento de **A**.

B 次の Mari の文を読んで、質問に答えよう。　Lee la composición de Mari y contesta.

Me gusta vivir en Japón, porque Japón tiene las cuatro estaciones:
primavera, verano, otoño e invierno.

Me gusta más la primavera. En primavera hace buen tiempo, no
hace frío ni calor. Hay muchas flores, me gustan las flores de los cerezos.
No me gusta el verano en Tokio, porque hace mucho calor y llueve, y
hay mucha humedad, pero si vamos al mar o al campo, hace viento muy fresco.

Me gusta también el otoño. Los árboles tienen muchos colores: verde, amarillo, rojo... y hay muchas frutas.
En invierno no nieva mucho en Tokio pero en Touhoku y Hokkaido hace más frío y nieva mucho. Me gusta
esquiar.

no...ni...：〜も〜もない
cerezo：サクラ
humedad：湿気
si.....,：もし〜なら、
mar：海
campo：田舎
fresco：涼しい
¿Por qué...?：なぜ？
porque：なぜなら
Pregunta.：質問しなさい。
región：地方

Pregunta 1.：¿Por qué le gusta a Mari vivir en Japón?

Pregunta 2.：¿Qué estación le gusta más?

Pregunta 3.：¿Qué tiempo hace en verano en Tokio?

Pregunta 4.：¿Por qué le gusta el otoño también?

Pregunta 5.：Pregunta a tu profesor/a qué tiempo hace en su país o región.

Gramática

文法のまとめ Resumen gramatical

A. 動詞 GUSTAR

1) gustar は、「モノが人に気に入る」という形から、「人はモノが好きだ」という表現になる。

2) Me gusta el futból.「私はサッカーが好きだ」の文は、el fútbol が動詞の**主語**になるが、動詞の後ろに置く。「私は」は**動詞の直前**に me を置く。me, te, le, nos, os, les は**間接目的語代名詞**。(8 課 p. 49 参照)

3) 「(誰) は」を**強調**したり、**明確**にするときは、A mí, a ti, a él..... a Mari のように、**文頭に繰り返す**。

4) gustar と同じ文構造になる動詞は、encantar (大好きだ), interesar (興味がある), doler (痛む、9 課) 等がある。

B. 天気 HACER 他

1) 天気の表現には動詞の**3 人称単数形**を使う。

2) hace ＋名詞 の他、llueve (llover: 雨が降る)、nieva (nevar: 雪が降る)、está nublado (曇っている) 等がある。

C. 心身の状態を表す TENER ＋名詞

1) 心身の状態を表す表現は、tener ＋名詞 と estar ＋形容詞 (4 課参照) がある。

2) tener ＋名詞 の表現は、主語の性数によってその名詞の語尾が変化することはない。

Ellas tienen hambre.　　　Ellas están cansadas.

3) calor, frío は天気の表現と混同しないように注意する。

Juan tiene calor. (フアンは暑がっている [寒い日でも])　　Hoy hace calor. (今日は暑い)

Cultura

スペインの都市や地方 Ciudades y regiones de España.

P. 30 にあるスペインの地図を見ながら、いくつかの都市や地方について写真とともに読んでみよう。
Mira el mapa de la p.30 y lee sobre algunas ciudades y regiones de España.

Madrid

España tiene una superficie de 504.782 kilómetros cuadrados, y más de cuarenta y seis millones de habitantes.

La capital es **Madrid**, está en el centro del país.

Toledo está cerca de Madrid, es una ciudad antigua y bonita. Alrededor de la ciudad corre el Río Tajo que llega hasta Portugal y el Océano Atlántico.

Barcelona es la segunda ciudad más importante de España. Allí podemos ver muchas obras de Gaudí, por ejemplo; la Sagrada Familia.

Valencia está en la costa del Mar Mediterráneo, y aquí se producen muchas naranjas. "La paella valenciana" es un plato típico, y es muy famoso en todo el mundo.

En **Andalucía** podemos ver restos de la cultura islámica como: la Alhambra de **Granada** o la Mezquita-catedral de **Córdoba**.

La ciudad de **Santiago de Compostela** es muy importante para los católicos. Es el fin del Camino de Santiago, y muchos peregrinos van allí.

Toledo

Barcelona

Andalucía

Valencia

Santiago de Compostela

友達を誘おう！ ¡Vamos a invitar a un amigo!

Tema

コミュニケーション ： 友達を誘ったり、頼む表現を覚えて、買い物や食事をしよう。
Comunicación ： Invitar o pedirle algo a un amigo: ir de compras o ir a comer fuera, etc.

文　　　　法 ： 語根母音変化動詞の活用は、語根の最後の母音がe→ie, o→ue, e→i に変化する。
Gramática ： Los verbos con cambio vocálico: e→ie, o→ue, e→i.

動詞querer（〜したい）, poder（〜できる）＋不定詞 は、誘い・依頼表現ができる。
Usamos los verbos "querer" + inf. para invitar y "poder" + inf. para pedir algo o pedir permiso.

ir a＋不定詞は、「〜するつもりだ」(近い未来)の表現になる。
Con el verbo " ir a + inf." se puede expresar intención o futuro próximo.

Vocabulario

A 語根母音変化動詞 Verbos con cambio vocálico.

pensar　　cerrar　　abrir*　　entender　　costar　　volver　　dormir

preferir　　repetir　　pedir　　comprar*　　viajar*

*の動詞は規則動詞。

B 料理 Platos.

sopa　　ensalada　　(un pincho de) tortilla　　menú

bistec　　paella

C 衣類と持ち物 Ropa, accesorios y complementos.

zapatos　　bolso　　pantalones　　camisa　　sombrero　　mochila

D 数 101〜1.000.000 Números.

101	ciento uno	500	quinientos/as*	2.000	dos mil
110	ciento diez	600	seiscientos/as*	5.000	cinco mil
153	ciento cincuenta y tres	700	setecientos/as*	10.000	diez mil
200	doscientos/as*	800	ochocientos/as*	100.000	cien mil
300	trescientos/as*	900	novecientos/as*	120.000	ciento veinte mil
400	cuatrocientos/as*	1.000	mil	1.000.000	un millón

* doscientos niños / doscientas niñas

A 語根母音変化動詞の活用　Conjugación de los verbos con cambio vocálico en presente.

Pienso viajar a España.
私はスペインへ旅行しようと考えています。

Ellos vuelven de España.
彼らはスペインから戻ります。

Pedimos café.
私たちはコーヒーを注文します。

母音の変化	e → ie	o → ue	e → i
不定詞	pensar	volver	pedir
Yo	pien**so**	vuelv**o**	pid**o**
Tú	pien**sas**	vuelv**es**	pid**es**
Él / ella / usted	pien**sa**	vuelv**e**	pid**e**
Nosotros/as	pens**amos**	volv**emos**	ped**imos**
Vosotros/as	pens**áis**	volv**éis**	ped**ís**
Ellos / ellas / ustedes	pien**san**	vuelv**en**	pid**en**

次の3つは大切！

母音が変化するところは語根にある最後の母音。

nosotros, vosotros では、母音変化しない。

語尾変化は規則動詞と同じ。

1. 語根母音変化動詞現在形を活用しよう。 まず口頭で練習、次に書いて練習をしよう。

Conjuga los verbos con cambio vocálico que están en infinitivo. Primero hazlo oral y después escríbelos.

Yo (**entender**) _____ inglés.

Él no _____ chino.

Ellos _____ un poco de francés.

Vosotras _____ bien español.

Tú (**preferir**) _____ té.

Nosotros _____ carne.

Mari _____ los zapatos rojos.

Laura y Juan _____ viajar en tren.

Ellos (**dormir**) _____ bien.

Yo no _____ mucho.

Nosotros _____ 6 horas.

Él _____ en el sofá.

Ella (**repetir**) _____ los verbos.

Nosotros _____ los diálogos.

Yo _____ las conjugaciones.

Vosotros _____ los números.

2. 絵を見ながら、主語を替えて質問と答えの練習をしよう。 Pregunta y responde con los dibujos.

A：¿A dónde (pensar) viajar él / tú / vosotros / ellas?

B：(Pensar) viajar a Hokkaido.

A：¿Cuánto (costar) el bolso?

B：(Costar) 200 euros / yenes.

値段を聞く言い方よ。

A：¿Qué (pedir) usted / ella / ellos / vosotros?

B：(Pedir) una paella.

A：¿A qué (jugar) tú / ellos / vosotros / él?

B：(Jugar) al fútbol.

jugarは母音変化がu→ueになる動詞。1つだけ覚えてね！

B 語根母音変化動詞　PODER と QUERER
Los verbos con cambio vocálico "poder" y "querer".

poder		querer	
puedo	podemos	quiero	queremos
puedes	podéis	quieres	queréis
puede	pueden	quiere	quieren

No puedo ver.

Quiere comer.

C 動詞　PODER + 不定詞：〜できる　Verbo poder + inf.　CD 1-59

¿Puedes escribir un e-mail en español?
スペイン語でメールが書けますか？

Sí, puedo escribir un e-mail en español.
はい、スペイン語でメールが書けます。

3. ペアで練習しよう。　Practica en pareja.

bien

el libro de economía

todos los días

el golf

hacer paella

D 動詞 QUERER + 不定詞：〜したい　Verbo "querer" + inf.　CD 1-60

¿Qué quieres hacer en las vacaciones?
休暇中に何がしたいですか？

Quiero aprender más español,
もっとスペイン語を習いたいです。
porque quiero viajar a España.
だって、スペインへ旅行したいんです。

4. 下の言葉を使って、ペアで練習しよう。　Con las oraciones de abajo, practica en pareja.

1) trabajar mucho / comprar una moto
2) leer libros de Latinoamérica / viajar allí
3) jugar mucho al fútbol / jugar bien
4) escribir un e-mail en español / tener amigos españoles
5) volver a mi ciudad / ver a mis amigos

Latinoamérica：ラテンアメリカ、allí：あちら

5. 次に、他のクラスメートと、休暇中に何がしたいか、質問し合おう。
Ahora pregunta a otros compañeros.

E 動詞 IR a + 不定詞：〜するつもりだ　Verbo "ir a" + inf.　CD 1-61

Quiero un bolso grande.
大きいバッグがほしいんです。

¿Por qué?
どうして？

Porque voy a viajar a Hokkaido.
だって、北海道へ旅行するつもりなんです。

querer＋名詞は
「〜がほしい」
ってなるわ

6. 下の言葉を使って、ペアで練習しよう。　Con las oraciones de abajo pratica en pareja.

1) un sombrero / viajar a Okinawa
2) ir de compras / comprar unos pantalones
3) comprar arroz / hacer paella
4) aprender inglés / estudiar en Nueva York
5) volver a casa / ver el partido de fútbol

Avanzamos

A 誘い　¿QUERER ＋不定詞？：～しませんか？　Invitar a los amigos. (CD 1-62)

¿Queréis comer conmigo?
君たち一緒にご飯を食べませんか？

Lo siento, no puedo.
すみません、出来ません。

Sí, vamos.
ええ、行きましょう。

1. ペアになって、友達を誘う練習をしよう。Practica en pareja para invitar a tu compañero.

ir a un concierto

B 依頼　¿(PODER) Puedes ＋ 不定詞？：～してもらえませんか？　Pedir algo a alguien. (CD 1-63)

¿Puedes abrir la puerta, por favor?
ドアを開けてもらえませんか？

Sí, cómo no.
はい、いいですよ。

2. ペアになって、依頼をする練習をしよう 。Practica en pareja para pedir algo a alguien.

C 許可　¿(PODER) Puedo ＋ 不定詞？：～してもいいですか？　Pedir permiso a alguien. (CD 1-64)

¿Puedo cerrar la ventana?
窓を閉めてもいいですか？

No, no puedes.
いいえ、だめです。

Sí, está bien.
ええ、いいですよ。

3. ペアになって、許可を求める練習をしよう。Practica en pareja para pedir permiso a alguien.

la revista

aquí

aquí：ここ

4. 聞いて答えよう。男性は、誘い、依頼、許可のどれを言っているか、女性の返事はどちらか印を付けよう。 (CD 1-65)
Escucha y marca : ¿Qué dice el hombre, invita, pide algo o pide permiso? y ¿qué contesta la mujer, acepta o no acepta?

	男性 el hombre			女性 la mujer	
	誘い invita	依頼 pide	許可 pide permiso	同意する acepta	同意しない no acepta
1					
2					
3					
4					

Conversamos

Lección 6

A 会話をしよう　A conversar.

1. ペアになって次の会話をしよう。テキストは見ないで、A, Bどちらも覚えよう。 🔊 CD 1-66

Memoriza la siguiente conversación y practica en pareja.

A ： Quiero comprar una mochila. ¿Puedes ir conmigo?

B ： Sí, cómo no. ¿Dónde quieres comprar la mochila?

A ： Prefiero ir a Shinjuku.

B ： Sí, está bien.

(En una tienda)

A ： Me gusta esta mochila.

B ： A mí también me gusta.

A ： ¿Puedo ver esa, por favor?

Dependiente ： Sí, ¡cómo no!

B ： ¿Cuánto cuesta?

Dependiente ： Cuesta 8.000 yenes.

A ： Es un poco cara, ¿verdad?

B ： Sí, pero te gusta, ¿no?

A ： Sí, es muy bonita. Voy a comprar esta mochila.

B ： Muy bien. Ya tengo hambre. ¿Vamos a comer juntos/as?

A ： Sí, vamos.

esta：この（巻末p.85参照）
esa：それ（巻末p.85参照）
dependiente：店員
juntos/as：一緒に

2. クラスメートとロールプレイをしよう。　Practica con tu compañero.

1.の会話の下線部を次のような状況にかえよう。 Sustituye las palabras subrayadas de 1. por las situaciones siguientes.

> **状況1**：Aは渋谷でパンツを買いたいので、Bに一緒に行ってくれるよう頼む。パンツは4,800円。その後、Bは喉が渇いたので、コーヒーを飲もうとAを誘う。

Situación 1: **A** quiere comprar unos pantalones en Shibuya y pide a **B** que lo acompañe. Los pantalones cuestan 4.800 yenes. Luego **B** tiene sed e invita a **A** a tomar café.

> **状況2**：Aは立川でシャツを買いたいので、Bに一緒に行ってくれるよう頼む。シャツは3,700円。その後、Bは時間がある (Y tengo tiempo.) ので、映画を見ようとAを誘う。

Situación 2: **A** quiere comprar una camisa en Tachikawa y pide a **B** que lo acompañe. La camisa cuesta 3.700 yenes. Luego **B** tiene tiempo e invita a **A** a ver una película.

> **状況3**：Aは渋谷で靴を買いたいので、Bに一緒に行ってくれるよう頼む。靴は6,500円。その後、Bは渋谷にいる (Y estamos en Shibuya.)ので、スペイン料理を食べようとAを誘う。

Situación 3: **A** quiere comprar unos zapatos en Shibuya y pide a **B** que lo acompañe. Los zapatos cuestan 6.500 yenes. Más tarde en Shibuya **B** invita a **A** a comer comida española.

3. 次の会話を聞こう。下の空いているところに書き入れて、文を完成しよう。 Escucha y completa las frases. 🔊 CD 1-67

1) Mari _____ a viajar a Hokkaido. Laura _____ comprar un _____ porque va a _____ a Okinawa. Mari quiere _____ un _____ grande. Ellas van de _____ .

2) Juan _____ jugar al tenis con Mari hoy, pero Mari no _____ porque ella _____ de compras con su madre. Entonces, ellos _____ a jugar mañana.

3) Laura y Miguel _____ a una cafetería. Laura _____ un café, pero Miguel tiene _____ .
Él _____ un pincho de tortilla y una cerveza al camarero.

el camarero：ウエイター

4) Juan _____ a España en las vacaciones, y _____ viajar por Europa. Pero el viaje es muy caro, él _____ mucho en un supermercado, y _____ a casa muy tarde.
Él tiene _____ y _____ en el tren también.

tarde：遅く

41

Gramática

文法のまとめ Resumen gramatical

A. 語根母音変化動詞

1) **語根の最後の母音**がe→ie, o→ue, e→i に変化する。ただし、nosotros, vosotros では変化しない。

2) e→ie, o→ue に変化する動詞は− ar, -er, -ir動詞があり、e→iは -ir動詞のみである。（jugarは例外）

3) 語尾変化は規則動詞と同じ。

B. 動詞 + (a / que) +不定詞 inf.

1) poder + inf.「〜できる」、querer + inf.「〜したい」、pensar + inf.「〜ようと考える」等。

2) ir a + inf.「〜するつもりだ」、tener que+ inf.「〜しなければならない」(9課参照)、Hay que+ inf. 「〜すべきだ」(9課参照) 等は、動詞の間にaやqueが必要である。

C. PODER + inf. と QUERER + inf.

1) 会話などで**質問の形**を作ると、状況に応じて**誘い・依頼・許可**などの表現となる。

D. 疑問詞 ¿Cuánto? と ¿Por qué?

1) 物の**値段**をたずねる：¿Cuánto cuesta + 物(単数)?、¿Cuánto cuestan + 物(複数)?

2) **理由**をたずねる：¿Por qué + 動詞 +主語?、答えはPorque〜, Es que〜で始める。

 *Cultura*

メキシコ・中南米の地図
Mapa de México, Centroamérica y Sudamérica

それぞれの国に有名な建造物や特産品がある。また、各々の地域の天候等、インターネットで調べてみよう。
En cada región hay lugares y cosas famosas. Averigua el clima de cada país o región en Internet.

1日、1週間の話をしよう！

¡Vamos a hablar de lo que haces en un día o en una semana!

Tema

コミュニケーション ： 一日、一週間のスケジュールを話そう。
　Comunicación　： 　Hablar de acciones cotidianas, planear un día o una semana.
　　　　　　　　　　時間や曜日の表現を覚えよう。
　　　　　　　　　　Aprender los días de la semana y las expresiones de la hora.
文　　　　法 ： 再帰動詞は、再帰代名詞me, te, se, nos, os, seを活用した動詞の前に付ける。
　Gramática　： 　Los verbos reflexivos llevan pronombres reflexivos antes del verbo.
　　　　　　　　　　今何時？は¿Qué hora es?、何時に…しますか？は¿A qué hora＋動詞？。
　　　　　　　　　　La hora: ¿Qué hora es?, ¿a qué hora + verbo?
　　　　　　　　　　移動を表す動詞salir(出る) venir(来る) llegar(着く) 等は、「de + 出発点、a + 到着点」が付く。
　　　　　　　　　　Verbos de "movimiento" con preposición: venir de, salir de; expresan "origen". Venir a, llegar a; "destino".

Vocabulario

A 再帰動詞　Verbos reflexivos.

＊再帰動詞ではない

levantarse　vestirse　ponerse la corbata　quitarse la chaqueta　desayunar*　cenar*

bañarse　ducharse　afeitarse　maquillarse　lavarse la cara / las manos　acostarse / dormirse

B 衣類　Ropa y complementos.

ropa　falda　abrigo　guantes　corbata　chaqueta　vaqueros

C 移動動詞　Verbos que expresan "movimiento".

salir de casa　venir de casa a la universidad　llegar a la clase　volver a casa de la universidad

salir	venir
salgo	vengo
sales	vienes
sale	viene
salimos	venimos
salís	venís
salen	vienen

D 曜日と時の表現　Días de la semana y expresiones de tiempo.

semana: lunes, martes miércoles, jueves, viernes, sábado(s), domingo(s)

por la mañana　por la tarde　por la noche

E 頻度を表す　Expresiones de frecuencia.

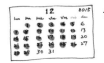 todos los días

 una vez a la semana / 2, 3, ... veces a la semana

 1 vez al mes / 2, 3, ... veces al mes

siempre ●●●●●●● 　normalmente ●●●●●×● 　a veces ××●××● 　no........ nunca ××××××

Practicamos

A 再帰動詞 Verbos reflexivos. (CD 1-68)

<u>Me levanto</u> a las siete.
私は7時に起きます。

Él <u>se pone</u> el sombrero.
彼は帽子をかぶります。

Ellas <u>se visten</u> en su habitación.
彼女らは部屋で着替えをします。

不定詞	levantar**se**		poner**se**		vestir**se**	
Yo	**me**	levant**o**	**me**	pon**go**	**me**	v**i**st**o**
Tú	**te**	levant**as**	**te**	pon**es**	**te**	v**i**st**es**
Él / ella / usted	**se**	levant**a**	**se**	pon**e**	**se**	v**i**st**e**
Nosotros/as	**nos**	levant**amos**	**nos**	pon**emos**	**nos**	vest**imos**
Vosotros/as	**os**	levant**áis**	**os**	pon**éis**	**os**	vest**ís**
Ellos / ellas / ustedes	**se**	levant**an**	**se**	pon**en**	**se**	v**i**st**en**

> 再帰動詞の不定詞は、後にseを付けて表すのよ。活用したら、動詞の前に置くのを忘れないで。

> 再帰動詞にももちろん規則動詞、不規則動詞、語根母音変化動詞があるから、その活用に気を付けて！

1. 再帰動詞を活用しよう。 Conjuga los verbos reflexivos.

Yo (levantarse) _____ a las ocho.

Nosotros (lavarse) _____ la cara.

Ellos (ducharse) _____ por la mañana.

Tú (bañarse) _____ por la noche.

Ella (vestirse) _____ en su habitación.

Vosotros (quitarse) _____ los zapatos.

2. 主語をかえて文を作ろう。 Haz frases conjuando los verbos.

levantarse
(yo / ella / vosotros / tú)

lavarse las manos
(ellos / yo / usted / tú)

ducharse
(usted / ellas / tú / yo)

afeitarse / maquillarse
(yo / él / nosotras / tú)

dormirse / acostarse
(ellos / nosotros / tú / yo)

B 時刻を聞く1 ¿Qué hora es? : 何時ですか？ Preguntar por la hora. (CD 1-69)

¿Qué hora es ahora?
今、何時ですか？

Son las diez y media.
10時半です。

en punto
cinco — cinco
diez — diez
cuarto — menos — y — cuarto
veinte — veinte
veinticinco — veinticinco
media

3.00 Son las tres en punto.
6.15 Son las seis y cuarto.
11.55 Son las doce menos cinco.
1.10 Es la una y diez.

> 1時のときだけser動詞がsonじゃなくて、esになるのよ！

3. 練習しよう。¿Qué hora es? Practica.

2.15	5.30	8.00	9.45	12.50
4.00	1.20	11.30	7.10	10.40

C 時刻を聞く2 ¿A qué hora.....? : 何時に〜しますか？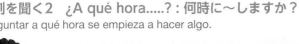
Preguntar a qué hora se empieza a hacer algo.

¿A qué hora te levantas todos los días?
君は毎日何時に起きますか？

Normalmente me levanto a las seis.
たいてい6時に起きます。

4. 下の絵を使い、ペアになって ¿A qué hora.....? の質問をしよう。
Pregunta en pareja "¿a qué hora...?" usando los dibujos.

5. 動詞と時間を入れて自分のスケジュールを完成し、次にペアのスケジュールを質問して書き入れよう。
Escribe lo que haces en un día y a qué hora, usa varios verbos. Luego pregúntale a tu compañero sus actividades y completa.

1. Me levanto a las _____.	1. Se levanta a las _____.
2. _____	2. _____
3. _____	3. _____
4. _____	4. _____
5. _____	5. _____
6. _____	6. _____
7. _____	7. _____
8. _____	8. _____
9. _____	9. _____
10. Me acuesto a las _____.	10. Se acuesta a las _____.

D GUSTAR + 再帰動詞の不定詞 "Gustar" + verbo reflexivo.

¿Te gusta levantarte temprano?
早起きは好きですか？

No, me gusta levantarme tarde.
いいえ、遅く起きるのが好きです。

6. ペアで練習しよう。 Practica en pareja.

por la mañana   corbata   temprano   yukata

再帰動詞が
不定詞のときは、
主語に合わせて
me,te,se.....と
替えて、不定詞に
くっつけて一語に
してね！

7. ElenaとPacoの会話を聞いて、内容が間違っているところを2つずつ探してチェックしよう。もう一度聞いて、正しく直そう。Escucha la conversación entre Elena y Paco y marca dos errores. Luego escucha otra vez y escribe la respuesta correcta.

1. Son las doce y diez, ellos desayunan en el comedor.
2. Hoy hace frío. Ella se pone los guantes y él se pone el abrigo.
3. Él se levanta temprano, porque trabaja por la tarde, se levanta a las nueve.
4. Él vuelve a las siete, luego cena, estudia, se ducha, navega por Internet y se acuesta temprano.
5. Ella se viste bien porque ve a un amigo, a él no le gusta ponerse corbata, ella no quiere salir con él.

navegar por Internet: インターネットを見る

Avanzamos

A 頻度をたずねる **1**　Preguntar por la frecuencia 1.　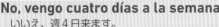

¿Vienes a la universidad todos los días?
毎日大学へ来ますか？

No, vengo cuatro días a la semana.
いいえ、週4日来ます。

1. ペアで練習しよう。　Practica en pareja.

B 曜日をたずねる　Preguntar por los días de semana.　

¿Qué días sales temprano de casa?
何曜日に早く家を出ますか？

Salgo temprano los lunes y los jueves.
月曜日と木曜日に早く家を出ます。

2. ペアで練習しよう。　Practica en pareja.

temprano

tarde

en casa　　　con los amigos

C 頻度をたずねる **2**　Preguntar por la frecuencia 2.　

¿Siempre vuelves a casa temprano?
いつも家に早く帰りますか？

Normalmente vuelvo temprano,
たいてい早く帰ります。

pero a veces vuelvo tarde.
でも、ときどき遅く帰ります。

3. ペアで練習しよう。　Practica en pareja.

temprano　　en casa　　　　en tren　　　por la noche

tarde　　　　　　solo　　　en coche　　por la mañana　vaqueros

4. 自分の時間・曜日・頻度を内容に合わせて書き入れよう。次にクラスメートに質問して、同様に書き入れよう。
   Completa con tus actividades diarias con la hora, los días y la frecuencia. Luego pregúntale a tu compañero y rellena.

	Yo	Mi compañero/a
1)	Vengo a la universidad _____.	Él / Ella _____.
2)	Trabajo _____.	_____.
3)	Normalmente me levanto a las _____.	_____.
4)	Salgo de casa temprano _____.	_____.
5)	Vuelvo a casa normalmente a las _____.	_____.

46

A 会話をしよう。　A conversar.

1. ペアになって次の会話を読んで、話の流れをよく理解しよう。　CD 1-76
   Lee la siguiente conversación en parejas.

   A： ¿Qué haces todos los días?

   B： Normalmente me levanto a las siete y vengo a la universidad a las nueve.

   　　Los miércoles no tengo clases, trabajo todo el día. ¿Y tú?

   A： Yo todos los días tengo clases hasta los viernes.

   　　También soy miembro del club de tenis.

   B： ¿Qué días practicas tenis?

   A： Practico los lunes, los miércoles y los viernes.

   B： ¿Qué haces los fines de semana?

   A： Me levanto un poco tarde y desayuno con mi familia.

   　　Luego, salgo con mis amigos o a veces voy de compras con mi familia.

   B： ¿A dónde vas con tus compañeros?

   A： Normalmente vamos a Shibuya o a Shinjuku, y vemos una película.

   　　¿Y tú? ¿Qué haces los fines de semana?

   B： Me acuesto muy tarde, porque me gusta navegar por Internet,

   　　navego toda la noche. Después no puedo levantarme temprano.

   A： ¡Qué buena vida! Vivir solo es vivir con libertad, ¿verdad?

   B： Sí... pero nunca tengo dinero.

   todo el día：一日中
   miembro del club:
   　　　　　サークルの一員
   practicar：練習する
   los fines de semana：週末
   toda la noche：一晩中
   libertad：自由
   dinero: お金

2. 下の表に、いろいろな動詞を使って自分の一週間の予定を書き入れよう。
   Escribe tu agenda para la semana. Usa varios verbos.

lunes	martes	miércoles	jueves	viernes	sábado	domingo
Me levanto a...	Tengo clase de...	Me acuesto a...				

3. クラスメートとロールプレイをしよう。　Practica con tu compañero.

   1.の会話のように、自分の一週間の予定を参考に、クラスメートと相談してシナリオを作って会話しよう。
   Haz un diálogo como el de la conversación 1. y practícalo con tu compañero.

   A： ¿Qué haces todos los días?

   B： _____

   A： _____

   B： _____

   A： _____

   B： _____

   A： _____

   B： _____

   A： _____

   B： _____

文法のまとめ Resumen gramatical

A. 再帰動詞

1) スペイン語の動詞は、hablarのような一般動詞、gustarのように動詞の前に間接目的語代名詞 (me, te, le, nos, os, les) が必要な動詞、そして再帰代名詞 **me, te, se, nos, os, se** を必要とする再帰動詞、の3つの形がある。

2) この課では、主に再帰代名詞が「〜自身を/に」という用法を扱った。他の用法もある（巻末 p.84 参照）。

3) 再帰動詞が不定詞の時は、再帰代名詞を**主語の人称に合わせて**、不定詞の後に付け**1語**にすることができる。

Tú quieres acostar**te**.　　　Ellos van a levantar**se** temprano.　　　Me gusta bañar**me**.

(= Tú **te** quieres acostar.)　(= Ellos **se** van a levantar temprano.)　(＝×)

B. 時刻の表現

1) 時 (la hora) は女性名詞なので、「〜時」は**数字の前に la/las** を付ける。1時は la una、「〜時に」は **a** la / las 〜。

2) 午前 de la mañana, 午後 de la tarde を時刻の後に付ける。por la mañana, por la tarde は午前中、午後中。

C. 移動動詞

1) 移動を意味する動詞に伴う場所や地名の前には、**de**〜「〜から(出発点)」、**a**〜「〜へ(到着点)」を付ける。

D. 月名と曜日

1) スペイン語では、月名や曜日は**小文字**で始める。

2) lunesから viernes までは**単複同形**。sábado, domingo は sábado**s**, domingo**s** になる。

el lunes, los lunes　el jueves, los jueves　el sábado, los sábados　el domingo, los domingos

---

Cultura

メキシコと中米の都市や地方
Ciudades y regiones de México y Centroamérica.

P.42 にあるメキシコと中南米の地図を見ながら、いくつかの都市や地方について写真とともに読んでみよう。
Observa el mapa de la p.42 y lee sobre algunas ciudades y regiones de Latinoamérica.

Cactus

El Continente Americano está dividido en 3 partes: Norteamérica, Centroamérica y Sudamérica.

México pertenece a Norteamérica, es un país latinoamericano, por eso se habla español. En el norte de México el clima es seco y podemos ver diferentes tipos de **cactus**. La capital es la Ciudad de México, está construida sobre las ruinas de los **templos aztecas**. En el sur de México está la Península de Yucatán, ahí podemos ver muchas ruinas de ciudades de la **cultura Maya**.

Templos aztecas

Los países de Centroamérica son pequeños, pero cada país tiene diferentes características. En Guatemala y Honduras hay ruinas muy interesantes de la cultura Maya. Por ejemplo: el **juego de la pelota**, donde se mete una pelota en un aro vertical que está en la pared.

Ruinas mayas

En Costa Rica hay abundante naturaleza, más de un cuarto del país son parques nacionales. En Panamá está el **Canal de Panamá** que conecta el Océano Pacífico con el Atlántico.

El Mar Caribe tiene playas muy bonitas. Allí el clima es tropical y casi nunca hace frío. En Cuba se cultiva mucha caña de azúcar, para producir el famoso **ron** Havana. También aquí se baila "Salsa" que es un baile de origen en los cantos de los esclavos africanos.

Canal de Panamá

Juego de la pelota

Ron

プレゼントに何を贈ろう？ ¿Qué le regalamos?

Tema

コミュニケーション	:	誕生日やクリスマスに友達にプレゼントやカードを贈ろう。
Comunicación	:	Dar tarjetas o regalos de cumpleaños o de Navidad.
		目的語（人・モノ）を、代名詞に替えて使う形を覚えよう。
		Aprender a usar los pronombres de objeto directo e indirecto para cosas y personas.
文　　法	:	目的語（人・モノ）の代名詞は、間接「〜に」、直接「〜を」の順で、動詞の直前に置く。
Gramática	:	El orden de los pronombres en la frase es : pronombre indirecto + directo + verbo.
		「〜しているところだ」の進行形は、estar + 現在分詞（−ando, −iendo）で表す。
		El presente progresivo se forma con el verbo "estar" + gerundio (-ando, -iendo)

Vocabulario

A 行事とあいさつの定型表現　Eventos y expresiones.

árbol de Navidad

tarjetas

¡Feliz cumpleaños!

¡Feliz Navidad!

pastel / torta

Fiesta de cumpleaños

regalos

Navidad

casarse

¡Felicidades!

ramo de flores

Ceremonia de boda

B 月の名前と日付　Meses y fechas.

Meses: enero, febrero, marzo, abril, mayo, junio, julio, agosto, septiembre, octubre, noviembre, diciembre

primero de enero (Año Nuevo)

diez de enero

C 動詞（＋直接目的語＋間接目的語）　Verbos (+ O.D. + O.I.)

dar chocolates a los niños

regalar...

buscar...

mirar...

llevar la maleta

ayudar a la señora

esperar a su novia

prestar el diccionario

invitar a la fiesta

D 目的語代名詞（直接目的と間接目的）、その語順　Orden de los pronombres de objeto directo e indirecto.

	代名詞 （直接目的） Pron. O.D.	私を	me te （人・モノ）lo / la	nos os （人・モノ）los / las	+ 動詞 V

主語 + (no) + S

ここのところは p.54の文法のまとめも読んでみてね。ちょっと複雑！

	代名詞 （間接目的） Pron. O.I.	私に	me te le	nos os les	+ 動詞 +　直接目的語 V　　　　　O.D.

代名詞 （間接目的） Pron. O.I.	私に	me te ~~le~~ se	nos os ~~les~~ se	+	代名詞 （直接目的） Pron. O.D.	〜を	lo / la los / las	+ 動詞 V

A 誕生日をたずねる　Preguntar por el día del cumpleaños.

¿Cuándo es tu cumpleaños?
誕生日はいつですか？

Mi cumpleaños es el 12 de noviembre.
私の誕生日は11月12日です。

1. クラスメート5人の誕生日を聞いて、下の表に書き入れよう。
   Pregunta por el cumpleaños de 5 compañeros y escríbelos abajo.

Yo	(Nombre)				
el ____ de ____	el ____ de ____	el ____ de ____	el ____ de ____	el ____ de ____	el ____ de ____

B 間接目的語代名詞（le, les）　Pronombres de O.I. (le, les)

Mañana es el cumpleaños de Mari.
明日はマリの誕生日です。

¿Qué le regalas a Mari?
何をプレゼントしますか？

Le regalo un CD.
（彼女に）CDをプレゼントします。

2. ペアで練習しよう。左の人物へのプレゼントを、右の絵の中から好きなものを一つ選んで答えよう。
   Practica en pareja, vas a regalarle algo a las personas de la lista, escoge una cosa de la derecha.

Mañana es el cumpleaños de
Andrés / Laura / tu novio/a

Mañana es la boda de
tu amiga / tu hermano

Mañana es el aniversario de
la boda de tus padres

un par
de tazas

un marco
para fotos

vino

el aniversario：記念日

C 間接目的語代名詞（me, te）＋直接目的語代名詞（lo, la, los, las）　O.I. (me, te) + O.D. (lo, la, los, las)

¿Te compran (regalan) tus padres un coche?
ご両親は君に車を買ってくれますか？

No, no me lo compran (regalan).
いいえ、（それを私に）買ってくれません。

3. ペアで練習しよう。君の両親はそれらのものを買ってくれますか？
   Practica en pareja. ¿Te compran tus padres estas cosas?

moto (cicleta)

tableta

un / una....

D 間接目的語代名詞 （le, les）＋直接目的語代名詞 （lo, la, los, las） CD 1-80

O.I. (le, les) + O.D. (lo, la, los, las)

¿Le das un CD a Laura en la Navidad?
クリスマスにはラウラにCDをあげますか？

3人称の間接目的格代名詞 le, les は、間接目的語とだぶらせることもあるのね。

No, no se lo doy.
いいえ、（彼女にそれを）あげません。

Le doy un libro.
彼女に本をあげます。

4. ペアで練習しよう。直接目的語代名詞がある場合とない場合の、3人称の間接目的語代名詞の形に気をつけよう。

Practica en pareja. Cuida cuando lleva Pron. de O.I. y O.D., "le" cambia a "se".

Juan ✕　　　Mari ✕　　　tu hermano ✕　　　tus padres ✕

5. もうすぐクリスマス。3人は店でプレゼント探し。会話を聞いて、誰に何をプレゼントするのかチェックしよう。 CD 1-81

Ya llegamos a la Navidad. Laura, Andrés y Miguel están buscando los regalos en una tienda. Escucha las conversaciones, y escribe a quién se lo van a dar y marca que regalan.

1) Laura　regala a su padre _____ (un vino　una camisa　una corbata　unos guantes)

2) Andrés　regala a _____ (un CD　unas tazas　unos chocolates　una torta)

3) Miguel　regala a _____ (un DVD　unos chocolates　unas flores　unos guantes)

6. ビンゴゲーム　¡Bingo!

1) プレゼントするものをビンゴの絵の中から選んで、書き入れよう。

Mira los dibujos 2) y elige los regalos para tus amigos.

Te regalo _____ y **le regalo** _____ a mi amigo, y _____ a mi amiga.

2) 代名詞を使い、クラスメートたちとa), b) の会話をしよう。

Pregunta a diferentes compañeros hasta hacer ¡Bingo!. Sigue las conversaciones a) y b).

¿Quién? _____ ¿A quién? _____	¿Quién? _____ ¿A quién? _____	¿Quién? _____ ¿A quién? _____
¿Quién? _____ ¿A quién? _____	¿Quién? _____ ¿A quién? _____	¿Quién? _____ ¿A quién? _____
¿Quién? _____ ¿A quién? _____	¿Quién? _____ ¿A quién? _____	¿Quién? _____ ¿A quién? _____

Aさんは、_____ に絵の中の好きなものを入れて質問して。

Bさんは、1) で書いたプレゼントに応じて答えるのよ。_____ には質問されたものを代名詞にして答えて！

a) A：**¿Me** regalas _____?
　　B：Sí, **te** _____ regalo.
　　　 / No, no **te** _____ regalo.

b) A：¿Le regalas _____ a tu amig**o/a**?
　　B：Sí, **se** _____ regalo.
　　　 / No, no **se** _____ regalo.

Bの答えがNoだったら、次のクラスメートに質問しよう。 Si B contesta que no, pregunta a otros compañeros.

3) Aは、答えと絵が合ったら¿Quién (プレゼントする人)? にはBの名前を書き、¿A quién... (もらう人)? にはa mí, a su amigo, a su amigaのどれかを書き入れよう。

Si la respuesta es "sí", **A** escribe el nombre de "quién" y el de "a quién".

4) 並んだ3つのマスに名前が入ったら、¡BINGO! Si rellenas 3 casillas, ganas y dices ¡Bingo!

Avanzamos

A 現在分詞　Gerundio. 🎵CD 1-82

Ella está escrib**iendo** un e-mail.

Ellos están tom**ando** café.　　　　　　　　　　　Nosotros estamos bañ**ándonos**.

1. 現在分詞形を作ってみよう。　Escribe los gerundios de los siguientes verbos.

-ando hablar _____　　**-iendo** aprender _____　escribir _____

　　　　escuchar _____　　　　　　hacer _____　　salir _____

　　　　buscar _____　　　　　　　ver _____

　　　　afeitarse _____　　　　　　ponerse _____

> 再帰動詞は、seを現在分詞の後にくっつけられるのよ。

不規則な現在分詞形　Gerundios irregulares.

-yendo leer _____　　**e → i** pedir _____　　**o → u** dormir _____

　　　　ir _____　　　　　　　vestirse _____

B 現在進行形：ESTAR＋現在分詞　Presente continuo: verbo "estar" + gerundio. 🎵CD 1-83

¿Qué estás haciendo?
何しているところですか？

Estoy escribiendo una tarjeta para mi amigo.
友人のためにカードを書いているところです。

2. ペアで練習しよう。　Practica en pareja.

> 注意！seは主語に合わせてね。

C PODER＋不定詞と目的語代名詞　"Poder + inf." y pronombres. 🎵CD 1-84

¿Me puedes ayudar?
私を手伝ってくれますか？

Claro, te ayudo.
もちろん、(君を)手伝いますよ。

3. ペアで練習しよう。直接目的語代名詞だけつく動詞と、直接・間接目的語代名詞の両方がつく動詞がある。
Practica en pareja. Algunos verbos sólo llevan Pron. de O.D. y otros llevan Pron. de O.I. y O.D.

> meやteは直接でも間接でも目的語代名詞としては、同じ形なんだね。

　　　　enseñar...　　　　　dar...　　　　　　　　　　　　　　　　　　enseñar：教える

A 会話をしよう。 A conversar.

1. ペアになって次の会話を読んで、話の流れをよく理解しよう。
Lee la siguiente conversación en pareja.

(Luis (B) está navegando por Internet.)

A： ¿Qué estás haciendo?

B： Estoy buscando un regalo para Mari.

A： ¿Estás mirando los muñecos de peluche?

B： Sí, le voy a regalar un oso de peluche en su fiesta de cumpleaños. ¿Y tú, qué le llevas?

A： No sé, todavía no me invita.

B： No te preocupes, te va a invitar pronto. Piensa en un regalo para ella.

A： Le voy a regalar una torta de cumpleaños. Le gustan mucho las tortas.

B： Bien, tú se la llevas. Y yo le llevo un muñeco de peluche.

A： A Mari no le gustan los peluches, le interesa más leer y la música.

B： Entonces, le compro un CD o un libro. ¿Me puedes ayudar a buscarlo?

A： Sí, cómo no.

los muñecos de peluche：
　　　　　　　ぬいぐるみ
oso：熊
no sé：私は分からない。
piensa en ～：
　　　～のことを考えなさい。
　　　　　　　　（命令形）
interesar ～：～に興味を持つ

2. クラスメートとロールプレイをしよう。 Practica con tu compañero en las siguientes situaciones.

1.の会話を次のような状況にかえて、練習しよう。 Practica con las situaciones 1 y 2 adaptándolas al diálogo 1.

> **状況1**：BはAndrésの誕生パーティーに招待されている。Aは招待されていないが、Andrésはワインが好きなので、ワインを考えている。BはCDを探している。Aは、Andrésは音楽が好きではなくて、読むこと(leer) や飲むこと (beber) に興味がある、とアドバイスをする。そこで、Aに手伝ってもらい、Bは本を探す。

Situación 1: Andrés invita a **B** a su fiesta de cumpleaños. Pero todavía no invita a **A**. **A** sabe que a Andrés le gustan los vinos. **A** le va a regalar uno. **B** está buscando un CD pero **A** le dice que le interesa más leer o los vinos pero no le gusta la música. **B** le pide ayuda a **A** para buscar un libro.

> **状況2**：BはLauraの兄の結婚パーティーに招待されている。Aはまだ招待されていないが、兄が時計をほしがっている(Él quiere un reloj.)ので、時計を考えている。Bはペアカップ(un par de tazas)を探している。Aは、兄は食器はほしがっていない(no quiere las cosas para la cocina)、写真(las fotos)に興味がある、とアドバイスをする。そこで、Aに手伝ってもらい、Bは写真立て(un marco para la foto)を探す。

Situación 2: El hermano de Laura invita a **B** a su fiesta de boda. Pero todavía no invita a **A**. **A** sabe que él quiere un reloj. **A** se lo va a regalar. **B** está buscando un par de tazas o algo para la cocina, pero **A** le dice que a su hermano le interesan más las fotos que las cosas para la cocina. **B** decide comprar un marco para fotos y le pide ayuda a **A** para buscarlo.

B クリスマスカードを書こう。 Escribe una tarjeta de Navidad.

1)	1) Querido (Nombre de tu amigo) Querida (Nombre de tu amiga)
2)	2) ¡Te deseo una feliz Navidad! / ¡Feliz Navidad y próspero Año Nuevo!
3)	3) Recibe muchas felicidades.
4)	4) **好きなことを書こう。** Escribe lo que quieras.
5)	5) (fecha) ..... de diciembre de 20....
6)	6) Un abrazo con cariño.
7)	7) (tu nombre)

Gramática

文法のまとめ Resumen gramatical

A. 目的語と目的語代名詞

1) 目的語は「〜を（モノ・人）」になる**直接**目的語、「〜に（主に人）」になる**間接**目的語がある。

2) 目的語は返事の際等に、その代名詞に替えて使う場合が多い。

   ただし、間接目的語代名詞のle, lesは間接目的語と重複して使われることがある。

   ¿Qué *le* regalas a Mari? — *Le* regalo un CD.

3) 代名詞の位置は**活用した動詞の前**。ただし、不定詞、現在分詞があれば**その動詞に付ける**ことができる。

   ¿*Me* puedes ayudar? (＝¿Puedes ayudar*me*?) — Claro, *te* ayudo.

4) 間接目的語代名詞le, lesの後に、直接目的語代名詞lo, la, los, lasが続く場合、**le, les はse**に変わる。

   ¿Le das un CD a Laura en Navidad? — Sí, *se lo* doy.

B. 現在分詞と現在進行形

1) 現在分詞の規則形は**-ar動詞→-ando, -er, -ir 動詞→-iendo**。不規則形もある。

2) **estar＋現在分詞**で進行形（〜しているところだ）ができる。現在分詞は主語による**性数変化をしない**。

C. 日付

1) スペイン語の日付は、**el (día) 日数 de 月名**、ただし1日は**el primero**と使う場合が多い。

   Mi cumpleaños es *el* (día) veinte *de* septiembre. Su cumpleaños es *el* (día) *primero de* noviembre.

Cultura

クリスマスの話
La Navidad

スペインや中南米では、クリスマスを盛大に祝う。カトリック信者が多いこれらの国で彼らはどのように祝うのだろうか。 En Latinoamérica y España la Navidad es una gran fiesta. Vamos a ver cómo la celebran allí.

A mediados de noviembre empieza la decoración de Navidad, las calles y los comercios se decoran y se iluminan, dura hasta el 6 de enero. Se venden decoraciones para esta fiesta. Por ejemplo; El Belén o Nacimiento, es una representación del nacimiento de Jesucristo, se ponen figuras que representan al niño Jesus, la Virgen María, San José y varios animales de granja.

El 24 de diciembre por la noche (Nochebuena) se reúne toda la familia para celebrarla, se preparan platillos navideños. Cada país y región tiene sus platos típicos. Esta noche muchos niños reciben regalos del famoso "hombre gordo", con barba blanca y traje rojo; Papá Noel, Santa Claus, San Nicolás o Viejito Pascuero. Sin embargo el día 6 de enero, se llama Día de los Reyes Magos, es un día muy especial para los niños porque reciben regalos y juguetes de los 3 Reyes Magos. En la noche del 5 de enero los niños ponen sus zapatos con una carta en la puerta o la ventana, y al día siguiente encuentran los regalos. Por eso, algunos niños pueden recibir regalos dos veces.

El día 25 (Navidad) las familias van a la iglesia. Actualmente los jóvenes, después de celebrar la Nochebuena con la familia, se reúnen con los amigos y hacen una fiesta hasta la madrugada.

Ahora vamos a cantar un villancico (canción de Navidad) que todos conocemos.

Noche de paz

1. *Noche de paz   Noche de amor*
   Todo duerme alrededor
   Todo el mundo celebra con fe
   A ese niño nacido en Belén
   Con canción del corazón
   Hoy ha nacido el amor

2. *Noche de paz   Noche de amor*
   Todo duerme alrededor
   Ni los ángeles quieren cantar
   Para no despertar al Señor
   Todo es paz en la oscuridad
   Hoy ha nacido el amor

どうしたの？ 気分が悪いの？ ¿Qué te pasa? ¿Te sientes mal?

Tema

コミュニケーション	:	痛み、病気、体調が悪い時の表現を覚えよう。
Comunicación	:	Aprender las expresiones de dolor, enfermedad y estado anímico.
		相手にいろいろな表現でアドバイスをしよう。
		Dar consejos de diferentes formas.
文　　　　　法	:	「私は〜が痛い」は、動詞dolerを「Me duele 〜」のようにgustarと同じ形で表す。
Gramática	:	El verbo "doler" se conjuga igual que el verbo "gustar"; "me duele".
		命令形、túに対する規則形は、現在形3人称単数形と同形で言える。
		La 2ª persona del imperativo (tú) es igual a la 3ª persona de singular del presente.
		「〜しなければいけない」tener que〜, hay que〜 は、＋不定詞で、義務を表す。
		Las expresiones de obligación; "tener que..." y "hay que...." + verbo en infinitivo.
		「〜と思う」creer que〜,「〜と言っている」decir que〜 は、＋文で、考えや伝聞を表す。
		Las expresiones de opinión; "creer que... " + frase. Expresiones para informar; "decir que...." + frase.

Vocabulario

A 病気の表現　Expresiones para dolor y enfermedad.

Me duele la cabeza　　Me duele el estómago　　Me duele la muela　　Me duele la garganta　　Me duelen los pies　　Me duelen los ojos

tomar la medicina después de comer

tomar la medicina antes de acostarse

B 身体名称　El cuerpo humano

(s)
(s)
(s)
(s)
(s)
(s)
(s)
(s)
(s)
(s)

下のことばを入れてみて！

cabeza	ojo	nariz	oreja	boca	diente	hombro
mano	dedo	brazo	pierna	pie	rodilla	espalda

descansar

quedarse en cama

C その他の動詞　Otros verbos.

aconsejar

preguntar

contestar

decir

creer

D 感情を表す　Estados de ánimo.

contento

feliz

triste

preocupada

nervioso

enfadado

Practicamos

A 動詞　DOLER：〜が痛いです　Verbo "doler".

> **¿Te sientes mal?**
> 気分が悪いですか？

> **Sí, me duele la cabeza.**
> ええ、頭が痛いんです。

> dolerは語根母音変化動詞。文型はgustarと同じよ。語順に注意して！

1. ペアで練習しよう。相手がどこか悪そうです。¿Te sientes mal? と質問しよう。答える人は、痛いところを指しながら答えよう。Practica en pareja. A tu compañero le duele algo, pregúntale; ¿te sientes mal?. Y que conteste señalando la parte que le duele.

B 感情を表す　Expresar estados de ánimo.

> **¿Qué te pasa?**
> どうしましたか？

> **Estoy preocupada.**
> 心配しているんです。

2. 相手の様子がいつもと違います。¿Qué te / os pasa? と質問しよう。答える人は自分の感情を表そう。
Tu(s) compañero(s) no está(n) como siempre, pregúntale(les) ¿qué te/os pasa?

C 〜しなければいけない：TENER que ＋ 不定詞　Expresar necesidad u obligación.

> **Me duele la muela.**
> 奥歯がいたいんです。

> **Tienes que ir al dentista.**
> 歯医者に行かなければいけませんよ。

3. 相手の状態に合わせて、相手に tienes que 〜 とアドバイスをしよう。（右からアドバイスを選んでみよう）
Dale un consejo a tu compañero considerando su situación (elige un consejo) usando "tener que..."

> ir al hospital
> tomar medicina (aspirina)
> ponerse el jersey
> quedarse en cama
> hacer gárgaras
> descansar
>
> jersey：セーター
> hacer gárgaras：うがいする

D 肯定命令　Imperativo afirmativo. 2ª persona de singular.

Toma medicina.
薬を飲みなさい。

Escríbelo.
それを書きなさい。

Acuéstate.
寝なさい。

Dime.
私に言いなさい。

Vete.
行きなさい。

目的語や再帰
動詞の代名詞
は命令形の動
詞の後ろにくっ
つけてね!

4. 次の動詞を tú に対する肯定命令にしてみよう。規則形は３人称単数形と同じ形になる。
Conjuga el imperativo. La 2ª persona del imperativo es igual a la 3ª persona de singular del presente.

preguntar → ＿＿＿＿＿　　lavarse → ＿＿＿＿＿　　acostarse → ＿＿＿＿＿

leer → ＿＿＿＿＿　　　　volver → ＿＿＿＿＿　　　pedir → ＿＿＿＿＿

abrir → ＿＿＿＿＿　　　　dormir → ＿＿＿＿＿　　　vestirse → ＿＿＿＿＿

そういえば、
p.4,B.の「先生
が使うことば」も
命令形だった
のね!

不規則形は、注意しよう。　Verbos irregulares del imperativo.

ir → *ve*　　　　ponerse → *ponte*　　　hacer → *haz*

venir → *ven*　　decir → *di*

5. ペアになって、肯定命令を使い、命令やアドバイス、許可をしてみよう。語調は状況によって変えてみよう。
Practica en pareja. Usa los imperativos para dar órdenes, consejos o permiso, Cambia la entonación.

A : Quiero comer algo ligero.

B : Pues, come una ensalada.

A : ¿Puedo cerrar la puerta?

B : Cómo no. Ciérrala, por favor.

algo ligero：軽いもの

E 命令文でアドバイスする　Dar consejos usando el imperativo.

Me duele el estómago.
胃が痛いんです。

Toma medicina.
薬を飲みなさい。

6. ペアで練習しよう。P.56　3.の絵を使って、今度は命令形でアドバイスをしよう。
En parejas, ve los dibujos de la p.56. Nº3, ahora da consejos con el imperativo.

7. 次の会話を聞こう。Andrés はどこか悪いですか？　Laura はどんなアドバイスをしていますか？
Escucha la conversación de Andrés y Laura. ¿Cómo está Andrés? y ¿qué le aconseja Laura?

	Andrés			Laura のアドバイス	
1	Le duele		→	ir al	
2	Tiene	/ Está	→	/	a casa
3	Le duele	/ No quiere	→		ahora mismo
4	Está	/ Tiene	→	tomar medicina /	/

ahora mismo：今すぐ

A 考えや思いを伝える　Creo que ＋ 文：〜と思う　Decir lo que piensas o lo que crees.

¿Qué le pasa a él?
（彼は）どうしたんですか？

Creo que le duele la muela.
（彼は）歯が痛いんだと思います。

1.　ペアで練習しよう。　Practica en pareja.

¿Qué le pasa a él / ella?　　¿Qué les pasa a ellos?

B 聞いたことを伝える　Dice que ＋ 文：〜と言っています　Comunicar lo que dice alguien.

¿Qué dice el médico?
医者は何と言ってますか？

Dice que tengo que descansar bien.
（私は）よく休まなければいけない、と言っています。

2.　ペアで練習しよう。　Practica en pareja.

C （一般に人が）〜しなければいけない：Hay que 〜　Forma de obligación impersonal.

¿Qué dice la receta?
処方せんに何と書いてあります（言っています）か？

Dice que hay que tomar la medicina despúes de comer.
食後に飲まなければいけない、と書いてあります。

3.　ペアで練習しよう。　Mira los dibujos y practica con tu compañero.

las recetas

después de desayunar
cada 6 horas
antes de acostarse
2 horas antes de dormir

los anuncios

Lavarse las manos
Aquí No comer
No fumar
Quitarse los zapatos

cada : 各〜

4.　次のような場合、どのようにしなければいけませんか？ hay que 〜 を使って書いてみよう。
　　¿Qué hay que hacer en cada situación?　Completa las frases con " hay que.... ".

1.　Si alguien tiene mucha fiebre, _____

2.　Si alguien está resfriado y sale a la calle, _____

3.　Si le duele mucho la cabeza y no sabe ¿por qué?, _____

4.　Para tomar la medicina _____

Si....., : もし…、alguien : だれか、saber : 知る

58

Conversamos

Lección 9

A 会話をしよう　A conversar. 🎵 CD 1-95

1. ペアになって次の会話を読んで、話の流れをよく理解しよう。
Lee la siguiente conversación en pareja.

> A : ¡Hola! ¿Qué te pasa?
> B : No estoy bien estos días...
> A : ¿Cómo te sientes?
> B : Me duele mucho la cabeza.
> A : ¿Y qué más? Dime.
> B : Me duele el estómago también... Y creo que tengo fiebre.
> A : Ve al médico y pregúntale por qué.
> B : No me gusta ir al hospital.
> A : Tienes que ir al médico. Ve pronto.
> B : Sí, sí, voy a ir.
> 　　(Después de ir al hospital.........)
> A : ¿Qué te dice el médico?
> B : Nada serio. Dice que tengo que tomar la medicina y descansar bien.
> A : ¿Por qué no tomas algo ligero? Después de comer toma la medicina.
> B : Gracias por tu consejo. Eres una amiga muy buena.
> A : Claro. Tú eres un poco perezoso. Y yo tengo que acosejarte bien.
> 　　Estoy preocupada, de verdad.

nada serio：何も深刻ではない
consejo：アドバイス
perezoso：怠け者

この
¿Por qué no...?
の言い方も、
アドバイスの
1つになるね。

2. クラスメートとロールプレイをしよう。　Practica con tu compañero.

1) Bのパートの下線部にある病状をいろいろ想定して、書いてみよう。
Cambia las líneas subrayadas de **B** por otras enfermedades.

_____

_____

2) 全体を覚えて、ジェスチャーや表情を加え、クラスの前で寸劇をしてみよう。
Memorízala y represéntala con gestos y ademanes delante de la clase.

B 次の文を読んで、内容について答えよう。　Lee y contesta sobre el contenido.

　Si te pasa algo en el extranjero, te preocupas, ¿verdad? Porque no sabes qué hacer, pero creo que no hay diferencia si estás en Japón. Por ejemplo si estás resfriado y no es nada serio, tomas medicina, luego descansas bien. También hay que comer algo ligero. En Japón la comida ligera se llama "okayu" que es arroz hervido. En España o en México por ejemplo se toma manzanilla o caldo de pollo.

　Pero cuando tienes fiebre, estás muy mal, no tienes apetito o tienes tos, hay que ir al hospital y explicarle los síntomas al doctor. Los gestos y ademanes también son muy importantes para explicarte.

1) Cuando estás resfriado y no es nada serio, ¿qué tienes que hacer?
2) ¿Qué es "okayu"?
3) Por ejemplo, ¿qué comida ligera toman en España?
4) Si no sabes las palabras para explicar los síntomas,
　　¿con qué puedes explicar?

preocuparse：心配する
hervido：煮えた
manzanilla：カモミールティ
caldo de pollo：チキンスープ
apetito：食欲
tos：咳
explicar：説明する
síntoma：症状
gestos y ademanes：身振り手振り
palabra：語

Gramática

文法のまとめ Resumen gramatical

A. 動詞 DOLER と PASAR

1) 動詞doler, pasarは、**gustarと同様に**後置のモノが文法上の主語になる形、活用した動詞の前には**me, te, le...**
   が必要である。ただし、pasar は「〜通る」等の意味で、El coche pasa...のように、主語＋動詞…の語順で
   も使う。

2) ¿Qué te pasa? は相手が**普段の様子でない**ときに使う。相手が病気であることが前提であれば、¿Cómo te
   sientes? （：如何ですか？ sentirse）を使う。

B. 命令文

1) 命令には肯定命令と否定命令がある。この課では、**túの肯定命令**のみを扱っている。

2) túの肯定命令の形は、規則形の場合現在形３人称単数と同じだが、語調は状況に応じて異なる。

3) 不規則形には、この他ser, salir, tener 等がある。

4) 肯定命令の場合、**目的語代名詞や再帰代名詞は動詞の後ろ**に付けて一語にする。

   Di**me**. (decir a mí)　　　　Ponte el abrigo. (ponerse)

C. TENER que ～ と HAY que ～

1) que の後は、どちらも**不定詞**が続く。

2) tener que~ は「**主語の人が**〜しなければいけない」, hay que~ は「**一般に人が**〜しなければいけない」。

D. CREER que ～ と DECIR que ～

1) que の後は、どちらも文が続く。que は英語の接続詞that と同じ

Cultura

サッカー：スポーツの王様

Fútbol: El rey de los deportes

スペインやラテンアメリカで最も盛んなスポーツは、サッカー。サッカーに関する言葉を覚えよう。

El deporte más popular en España y Latinoamérica es el fútbol. Vamos a aprender algunas palabras sobre el fútbol.

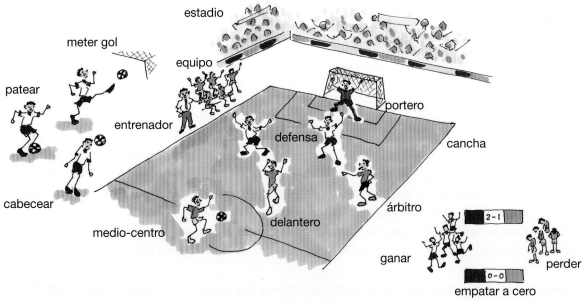

En los países latinoamericanos el fútbol es el deporte más popular, y las canchas se encuentran en
cualquier lugar. Muchos niños sueñan con ser jugadores de fútbol, y muchos adultos no pueden trabajar bien
cuando hay partidos importantes, por ejemplo cuando se celebra La Copa Mundial de Fútbol.

Los niños aprenden a jugar en la calle, en la playa o en el llano, y sueñan con jugar en los equipos más
famosos del mundo. En la mayoría de las ligas europeas hay muchos jugadores extranjeros, y por supuesto
japoneses también. Porque ahora en Japón el fútbol es tan popular como el béisbol, y juegan chicos y chicas.
En 2011 el equipo "Nadeshiko Japan" fue campeón del mundo.

すみません、教えてください。

Perdón, ¿puede enseñarme...?

Tema

コミュニケーション : 行ったことがある、食べたことがある等、経験を話そう。
Comunicación : Hablar sobre experiencias: "he ido a...", "he comido...".
道順や、料理の作り方等、相手に教えてもらったり、教えてあげよう。
Dar instrucciones para ir a un lugar, o para preparar platos.
文　　　　法 : 経験を話すのは、現在完了形「haber＋過去分詞」を使う。
Gramática : El pretérito perfecto " haber + p.p." se usa para expresar experiencias.
技術的なことを知っていれば saber、体験的に知っていれば conocer を使う。
El verbo "saber" se usa para cosas aprendidas, y "conocer" para cosas que hemos experimentado.
「誰もが・一般的に～する・している」は、「se＋動詞3人称」で表せる。
"Se + 3ª persona del verbo" se usa para expresar cosas en general.

Vocabulario

A 料理を作る　Preparar comida.

cortar verduras　　freír *　　　añadir　　echar / poner　　mezclar　　batir huevos

tapar　　dejar 10 minutos　　cocer * arroz　　meter al horno　　servir *

plato
cubietos

cuchillo, tenedor
y cuchara

azúcar
pimienta
taza
sal
aceite
de oliva
lata
de tomates
salsa
de soja
agua

＊語根母音変化動詞

B 道順を聞く　Preguntar direcciones.

ir recto　　cruzar la calle
/ la avenida　　doblar en la esquina
a la derecha　　encontrar la parada
de autobús　　tardar 10 minutos
a pie

C saber と conocer　Saber y conocer.

Yo sé

Yo conozco

conducir el coche　　tocar el piano / la guitarra

saber	conocer
sé	conozco
sabes	conoces
sabe	conoce
sabemos	conocemos
sabéis	conocéis
saben	conocen

D 序数　Números ordinales.

primero, segundo, tercero, cuarto, quinto, sexto, séptimo, octavo, noveno, décimo

＊巻末 p.87 参照

Practicamos

A 現在完了形　動詞HABER ＋ 過去分詞：経験　〜したことがある　
Pretérito perfecto "haber + p.p.": expresar experiencias.

¿Has viajado a Europa?
ヨーロッパへ旅行したことがありますか？

Sí, he viajado a Francia una vez,
ええ、フランスへ一度旅行したことがあります、

pero todavía no he ido a España.
でも、まだスペインに行ったことはありません。

1. 不定詞の–ARを–ado、–ER、–IRを–idoにかえて、過去分詞形を作ろう。
El participio pasado se forma "V. -ar → ado / -er, -ir → ido".

haber		規則形	trabajar → trabaj**ado**	regalar → _____	jugar → _____
he			aprender → aprendi**do**	comer → _____	vivir → _____
has			estar → _____	ir → _____	tener → _____
ha	+				
hemos		不規則形	escribir → escrito	ver → visto	leer → leído (＋アクセント記号)
habéis			volver → vuelto	poner → puesto	
han			hacer → hecho	decir → dicho	

B 経験をたずねる　Preguntar por experiencias.　

¿Has visto una película española alguna vez?
スペイン映画を見たことが何度かありますか？

No, todavía no he visto ninguna.
いいえ、まだ１つも見たことがありません。

2. ペアになって、互いの経験を話そう。 Pregunta en pareja y cuenta tus experiencias.

> alguna...は、
> 「いくつかの」
> という意味よ。
> 文法の補足説明
> を見てね！
> (p.86参照)

viajar

ir

película
argentina

comida
mexicana

en español

3. 次にグループになって、互いに自分のペアの経験について報告しよう。互いにnosotros, él, ella を使って、現在完了形を練習しよう。 Luego practica en grupo, comenta las experiencias de tu pareja. Utiliza nosotros, él y ella.

C 回数をたずねる　Preguntar cuántas veces...　

¿Cuántas veces has viajado a Kioto?
京都へは何回行ったことがありますか？

He viajado muchas veces.
何回も行ったことがあります。

4. 2.の内容について、¿Cuántas veces...? と、回数をたずねよう。
Pregunta ¿cuántas veces...? Usa los dibujos del ejercicio 2.

> 2回なら dos veces,
> 何回かなら algunas veces
> 一度もなければNunca... /
> no.....nuncaでいいわね。
> (p.86参照)

D 動詞　SABER＋不定詞：〜できる（＝することを知っている）　Verbo "saber" + inf.:

¿Sabes cocinar comida española?
スペイン料理ができますか？

Sí, sé cocinar bien. He cocinado paella, tortilla......
ええ、できます。パエリャ、オムレツ……作ったことがあります。

Enséñame, por favor.
教えてください、お願いします。

Claro, te enseño.
もちろん、教えてあげますよ。

5. ペアになって互いに　¿Sabes.....?　の質問をしよう。
En pareja, pregunta ¿sabes.....? usando los verbos de los dibujos.

ちょっと待って……
poderはその状況でできる、
saberはその技術を習得
してできるってことなの。
違いに注意！
（p.39参照）

その他にも、hablar inglés / tocar la guitarra / bailar...

E 再帰受身：se ＋ 動詞３人称　La voz pasiva de los V. reflexivos: se + 3ª persona.

A ver, te enseño la receta de la paella.
では、パエリャのレシピを教えてあげますね。

Primero, se cortan ajos,
はじめに、ニンニクを切ります。

この形の文では
主語が動詞の後ろ
のモノで、行為者
は考えなくてOK！

luego se fríen en aceite en una paellera.
それから、パエリャ鍋にオイルを入れて炒めます。

6. この後のパエリャの作り方をどのように言うか、ペアで考えよう。　En pareja practica cómo poder hacer una paella.

el pollo　　　　　las cebollas y los tomates　　　las gambas y los mariscos　　el arroz y el agua

el azafrán y la sal

同じ動詞を使うのは
避けて、いろいろな
動詞を使ってみて！

7. スペイン風オムレツ (Tortilla española) の作り方を聞いて、適当なことばを書きいれよう。
Escucha la receta para hacer una tortilla española y rellena los huecos.

(1) _____ las cebollas y las patatas y (2) _____ en aceite de oliva en una sartén. Mientras

tanto (3) _____ los huevos, (4) _____ sal y pimienta, y (5) _____ todo a la sartén.

Luego (6) _____ unos minutos a fuego lento.

Después (7) _____ con un plato, se voltea, y (8) _____ otra vez en la sartén. Así

(9) _____ el otro lado también. Ya está lista. La servimos.

a fuego lento：弱火で　se voltea：ひっくり返す　otro lado：反対側

Avanzamos

A 動詞 conocer：〜を知っている　Verbo "conocer" CD 2-1

¿Conoces Toledo?
トレドを知っていますか？

Sí, lo conozco muy bien.
ええ、よく知っています。

He ido allí muchas veces.
あちらに何度も行きました。

conocerは、
行ったことの
ある場所や、
会ったことの
ある人物に、
よく使うわ。

1. ペアで練習しよう。　Mira los dibujos y practica con tu compañero.

国名のときは
el país として質問している
ので、代名詞は lo にして
答えましょうね。

Kioto　　Tokyo Skytree　　Estados Unidos　　España

al profesor...

a la profesora (nombre)

B 道順をたずねる 1　Preguntar la dirección 1. CD 2-8

¿Cómo se va a la estación?
どのように駅まで行きますか？

Se va recto, se encuentra a la izquierda.
まっすぐ行くと、左側にあります。

2. ペアで練習しよう。　Mira los dibujos y practica con tu compañero.

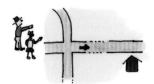 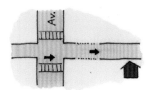 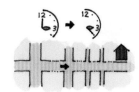

C 道順をたずねる 2　Preguntar la dirección 2. CD 2-9

Perdón. ¿Puede decirme dónde está Correos?
すみません、郵便局がどこにあるか、私に教えていただけますか？

Sí, cómo no.
ええ、もちろん。

La segunda a la derecha, enfrente del parque.
2番目（の角）を右に曲がって、公園の正面です。

Muchas gracias.
ありがとうございます。

3. ペアで練習しよう。次の5つの場所を下の地図を使って答えよう。
Practica en parejas. Ve el mapa. Pregunta y contesta por los lugares.

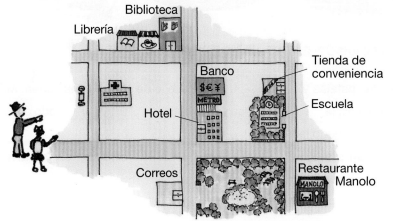

1) la parada de autobús
2) la estación de metro
3) la tienda de conveniencia
4) el restaurante Manolo
5) la cafetería

enfrente de....
entre.....y.....
al lado de....
detrás de......

A 会話をしよう。 A conversar.

1. ペアになって次の会話を読んで、話の流れをよく理解しよう。 CD 2-10
Lee la siguiente conversación en pareja.

A : Perdón, ¿conoce Ud. por aquí?
B : Sí, conozco bien. ¿Le ayudo?
A : Gracias. ¿Puede enseñarme dónde está el parque?
B : Cómo no. Primero se va todo recto hasta el Hotel Prado.
A : Hasta el Hotel Prado, ¿no?
B : Sí, luego allí se dobla a la izquierda, y se encuentra al fondo.
A : ¿Cuánto se tarda hasta el parque?
B : Caminando unos 15 minutos....
A : Muchas gracias.
B : ¿Ha ido Ud. al Museo Nacional? Es muy interesante.
A : No, no he ido todavía. ¿Dónde está?
B : Está muy cerca del parque.
A : Bueno, también voy. Muchas gracias.
B : De nada. Que le vaya bien.

enseñar：教える
caminando（←caminar：歩く）
unos：約
Que le vaya bien.: うまくいきますように。

2. 下の地図を使って、**1.**の会話のようにクラスメートとロールプレイをしよう。
Practica con tu compañero como en la conversación 1 usando el mapa de abajo.

1) la estación de Metro (5 minutos) / la tienda de recuerdos
2) el hotel Mundo (10 minutos) / el Museo de Historia
3) el Museo Contemporáneo (15 minutos) / el Acueducto
4) Correos (5 minutos) / el restaurante Paco / rico

B 得意な料理のレシピを書こう。 Escribe la receta de una comida que puedes preparar.

日本料理の名前は
訳さないでね！

_____

_____

_____

_____

Ya está _____ (Nombre del plato). Vamos a comer.

文法のまとめ Resumen gramatical

A. **過去分詞と現在完了**
  1) 過去分詞規則形は、**-ar**動詞 → **-ado**, **-er** / **-ir**動詞 → **-ido**。不規則形もある。
  2) スペイン語の現在完了は**haber** + **過去分詞**。過去分詞の形は性数変化しない。
  3) この課では、現在完了の一つの用法として**経験**を扱ったが、他の用法はp.84 を参照。

B. **SABER と CONOCER**
  1) saber、conocerともに「**知る、知っている**」の意味である。
  2) saberは、**情報等**があって事柄を知っている、また不定詞を伴い**技術等**があるので**できる**、の意味を持つ。
  3) conocerは、**体験的**に知っている場合で、**人物に会っていたり、場所に行ったことがある**場合等によく使う。

C. **「誰でも、一般的に～する」を表す、行為者を特定しない文**
  1) 再帰受身文：**Se** + **他動詞**で表す。**主語はモノ**だけで、動詞の後ろに置く。**動詞は３人称単・複数形**で表す。
  2) 無人称文：常に**Se** + **動詞３人称単数**で表す。

Cultura

南米の国々や地域
Países y regiones de Sudamérica

P.42 にある南米の地図を見ながら、いくつかの国や地方について写真とともに読んでみよう。
Observa el mapa de la p. 42, y lee sobre algunos países y regiones de Sudamérica.

Los Andes

Machu Picchu

Río Amazonas

Línea del ecuador

Observatorio "Alma"

Cataratas de Iguazú

En América del Sur corre la cordillera de **Los Andes** desde el norte hasta el sur, allí hay montañas que tienen más de 6 mil metros de altura.

Quito es la capital de Ecuador, está muy cerca de la **Línea del ecuador**, aquí no hace calor ni frío, porque está a 2.800 metros de altura.

En Perú y Bolivia se encuentran muchas ruinas preincas e incas en los Andes. En **Machu Picchu**, Tiahuanaco y Nazca todavía existen muchos misterios que atraen a muchos turistas.

Al lado del Océano Pacífico el clima es seco, en el norte de Chile está el desierto de Atacama donde está el **observatorio "Alma"** que tienen 66 radio telescopios. Es el mayor proyecto astronómico del mundo. Allí se usa alta tecnología japonesa.

En Brasil corre el **Río Amazonas** hasta el Océano Atlántico atravesando la selva que produce abundante oxígeno para el mundo.

En Argentina se extiende la Pampa, tierra fértil, donde se cría mucho ganado vacuno. En las fronteras entre Brasil, Argentina y Paraguay se encuentran las **Cataratas de Iguazú**, uno de los Patrimonios de la Humanidad.

過去の出来事を話そう！ ¡Vamos a hablar del pasado!

Tema

コミュニケーション ： 過去にしたことや旅行したことなど話そう。
Comunicación ： Hablar de tus viajes y cosas que hiciste.

身近な人物の一生を話そう。
Contar sobre la vida de un familiar.

文　　法 ： 過去にし終えたことを話すには、点過去形の動詞を使う。
Gramática ： El pretérito indefinido se usa para hablar de cosas que ya terminaron.

点過去形の不規則動詞の多くは、現在形でも不規則だった。
La mayoría de los verbos irregulares del Pret.Ind. también son irregulares en el presente.

Vocabulario

A 過去の時間表現1　Expresiones del pasado 1.

Hoy es 14 de febrero de 2015.

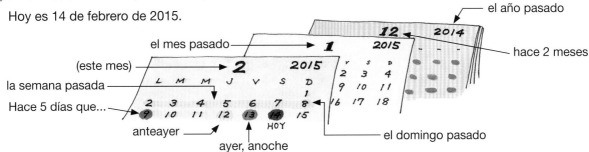

el año pasado
el mes pasado
hace 2 meses
(este mes)
la semana pasada
Hace 5 días que...
anteayer
ayer, anoche
el domingo pasado

B 動詞（人の一生）　Verbos para describir la vida de una persona.

nacer　　crecer　　entrar en la escuela　　terminar la carrera / graduarse　　empezar a ......

dejar de trabajar　　casarse con...　　tener hijos　　mudarse　　jubilarse　　morir

C 過去の時間表現2　Expresiones del pasado 2.

En 1935...　En la primaria...　A los 15 años,...　Antes de casarse,......

Al graduarse,......

Después de tener una hija,...

Practicamos

 点過去　　Pretérito Indefinido.

Viajé a México el mes pasado.
私は先月メキシコへ旅行しました。

Ella nació en 1995.
彼女は1995年に生まれました。

Anoche ellos durmieron 7 horas.
夕べ彼らは7時間眠りました。

1. 規則活用
Verbos regulares.

viajar	acostarse	nacer	volver	salir
viajé	me acosté	nací		salí
viajaste		naciste	volviste	
viajó		nació		
viajamos		nacimos		salimos
viajasteis		nacisteis		
viajaron	se acostaron	nacieron		

語根母音変化動詞の活用　　3人称でi→y
Verbos con cambio vocálico.

pedir	dormir	leer	oír
pidió	durmió	leyó	oyó
pidieron	durmieron	leyeron	oyeron

規則活用は、ER, IR動詞の語尾が同じ変化をする。
Los verbos regulares "-ER" "-IR" se conjugan igual.

語根母音変化動詞の中で、IR動詞は3人称でのみ母音が変化、語尾の前が母音の動詞も同様。
Los verbos con cambio vocálico "–IR" solo cambia la 3ª persona del singular y del plural.

上の段の動詞は、アクセント記号がとても大事！注意して！

不規則活用1　　Verbos irregulares 1.

ser / ir	dar	ver
fui	di	vi
fuiste		
fue	dio	
fuimos		
fuisteis		
fueron		vieron

不規則活用2　　Verbos irregulares 2.

tener tuv-	venir vin-	estar estuv-	poder pud-	hacer hic-	decir dij-
tuve		estuve		hice	dije
			pudiste		
tuvo	vino			*hizo	dijo
	vinimos				
		estuvisteis			
			pudieron	hicieron	*dijeron

不規則活用1は、ser, ir動詞が同形。dar, verは規則動詞 -er, -irの語尾と同じ、ただしアクセント記号はない。
Los verbos irregulares 1 "ser" e "ir" se conjugan igual. "Dar" y "ver" se conjugan como regulares pero sin acento.

不規則活用2は、特別な語幹を持つグループ。語尾は共通、ただし＊は注意する。
Los verbos irregulares 2 tienen raíces especiales en Pret. Ind.

2. グループになって下の絵を使い文を作り、互いに主語を変えて (yo, tú, él, nosotros……) 活用練習をしよう。
En grupo, viendo los dibujos de abajo, haz oraciones en Pret. Ind. usando (yo, tú, él, nosotros……).

3. 次にペアになって、上の絵を使い相手が昨日したこと・しなかったことを、互いに質問し合おう。
Luego, en pareja pregunta si ayer hizo las actividades de arriba.

B 過去の時間表現 1 　Expresiones del Pret. Ind. 1　

¿Cuándo escribiste un e-mail por última vez?
いつ最後にメールを書きましたか？

Lo escribí anoche.
夕べ書きました。

por última vez : 最後に

4. ペアで練習しよう。右の過去の表現を使って答えよう。　Practica en pareja. Contesta con las siguientes expresiones.

unas aguas
termales

ayer, anteayer
la semana pasada
el mes pasado
el año pasado
hace...días, meses,

C 過去の時間表現 2 　Expresiones del Pret. Ind. 2　

¿Cuándo empezaste a aprender a tocar el piano?
いつピアノを習い始めましたか？

Empecé a aprenderlo a los 8 años.
8歳の時、習い始めました。

5. ペアで練習しよう。右の過去の表現を使って答えよう。　Practica en parejas. Contesta con las otras expresiones.

| empezar a aprender inglés | morir John Lennon | ser la Copa Mundial de Brasil | haber un terremoto grande en Tohoku | a los.....años
hace....años
en la secundaria
en 19___ / 20___ |

la secundaria : 中学校

D 旅行の話 1 　Hablar de viajes 1.

6. 自分がした旅行を思い出して、いろいろな動詞を使って表に書きいれよう。
Recuerda un viaje que hiciste, rellena con varios verbos.

	Mi viaje	El viaje de mi amigo/a
¿Adónde (viajar)............?		
¿Cuándo (ir)..................?		
¿Con quién (ir) ....?		
¿Qué lugar (visitar).........?		
¿Cuántos días (estar).... .?		
¿Qué (ver) en... ....?		
¿Qué (comer) en.............?		
¿Qué te impresionó más ?		
¿.................................?		
¿.................................?		

impresionar : ～に感銘を与える

7. ペアになって、互いに相手の旅行について質問し合い、相手の旅行についても上の表に書きいれよう。
En pareja, pregunta sobre el viaje de tu compañero y rellena.

Avanzamos

A 自分の生い立ちを話す　Hablar de tu niñez.

> **Voy a hablar de mi niñez.**
> 私の子どもの頃の話をしましょう。

> **Yo nací en Sendai en 1996, crecí allí hasta terminar el instituto.**
> 私は1996年、仙台で生まれ、あちらで高校が終わるまで育ちました。

niñez：子どもの頃

1. 左の動詞を使い、時の表現を入れて、自分の生い立ちを書こう。　Escribe sobre tu niñez usando los verbos.

nacer en	
crecer en	
tener el primer móvil	
mudarse de... a.....	
empezar a aprender a......	
entrar en la universidad	

ここは自分の順番にして書いて。

2. ペアの相手と互いに生い立ちを話して、共通点を確かめよう。Practica en pareja y encuentra en qué coinciden.

B ある人物の一生を話す　Hablar de la vida de una persona.

> **¿Quién es él?**
> 彼は誰ですか？

> **Es mi abuelo. Hace 5 años que murió.**
> 私の祖父です。　5年前に亡くなりました。

> **¿Cuándo nació él? Cuéntame**
> いつ生まれましたか？　話してください。

3. ペアで練習しよう。絵を見て上の人物の続きを話そう。¿Cuándo...? ¿Dónde...? ¿Qué....? ¿Con quién...? ¿Adónde...? ¿Cuántos...? 等疑問文も使って互いに話してみよう。　Practica en pareja. Continúa la historia de arriba con los dibujos y haz preguntas con los interrogativos.

en Cuzco

allí

de Cuzco a Lima

en la universidad

después de graduarse

a una argentina

con ella

tres hijos

antes de jubilarse

en Buenos Aires

4. ある人物の一生を聞いて、＿＿＿＿に点過去の動詞を書き入れよう。
Escucha la vida de la señora Ana, luego escribe los verbos en Pret. Ind.

Mi abuela Ana ＿＿＿＿＿＿ en Guadalajara, México. De niña ＿＿＿＿＿＿ en una familia rica. A los 6 años ＿＿＿＿＿＿ al colegio, y luego a la secundaria. Al terminarla toda la familia ＿＿＿＿＿＿ a la Ciudad de México y ella ＿＿＿＿＿＿ literatura en la universidad. Luego ＿＿＿＿＿＿ a trabajar como profesora de un colegio. A los 26 años, ＿＿＿＿＿＿ a un chico y se casaron. Ellos ＿＿＿＿＿＿ 2 hijos y ella ＿＿＿＿＿＿ de trabajar. Después de vivir 30 años en la ciudad, su esposo ＿＿＿＿＿＿, y ellos ＿＿＿＿＿＿ a Guadalajara. Hace 5 años que ella ＿＿＿＿＿＿ . Ella no ＿＿＿＿＿＿ nada especial, no ＿＿＿＿＿＿ al extranjero nunca. Su vida ＿＿＿＿＿＿ tranquila y muy feliz.

tranquilo：静かな、feliz：幸福な

A 会話をしよう。 A conversar.

1. ペアになって次の会話を読んで、話の流れをよく理解しよう。 CD 2-17
Lee la siguiente conversación en pareja.

A： ¿Qué estás haciendo?

B： Estoy leyendo sobre el Che Guevara. ¿Sabes quién es?

A： Sólo sé su nombre. ¿Qué hizo él?

B： Fue un revolucionario. Primero luchó con Fidel Castro en Cuba.

A： ¿Sí? Cuéntame su vida.

B： Bien. Él nació en Argentina, en una familia rica.

A： ¿Qué estudió?

B： Estudió medicina, quiso ser médico.

A： Y ¿por qué se hizo revolucionario?

B： Porque viajó dos veces por Sudamérica de joven, y vio a mucha gente pobre.

A： ¿Cuándo hicieron la revolución?

B： En 1959 la ganaron, luego el Che fue a África y volvió a Sudamérica donde murió.

A： ¿Cuándo murió?

B： Murió en 1967 en un pueblo pequeño de Bolivia.
Lo mató el ejército boliviano.

A： ¡Qué pena! Ahora yo también quiero averiguar más sobre él.

viajar por ～：
～を旅行する
hacerse：～になる
ganar：勝利する
averiguar：調べる

2. 下の２人の人物についての文をそれぞれが辞書を使って読もう。次に、1.の会話文を参考に、自分が読んでいないほうの人物について質問してみよう。Cada uno lee la historia de un personaje de abajo. Luego pregunta sobre el personaje que no has leído como en la conversación 1. Usa el diccionario.

Gaudí (Antoni Gaudí, 1852～1926)

Antoni Gaudí fue un gran arquitecto. Nació en Cataluña, España. Fue un niño muy débil, no pudo jugar con otros niños. Estudió arquitectura en Barcelona desde 1873 hasta 1877, colaboró en unos despachos famosos de arquitectura. Se enamoró de una profesora pero no llegó a casarse, estuvo soltero toda la vida.

En 1878 presentó su obra en la Exposición Mundial de París. Eusebio Güell, un millonario, se impresionó al ver su obra, luego durante más de cuarenta años le ayudó. Gaudí trazó varios planos para Güel, el Palacio Güel, el Parque Güel, la Cripta de la Colonia Güel, etc. También empezó a trabajar en la Sagrada Familia desde 1883.

Gaudí costruyó muchas obras en Barcelona, pero en sus últimos años trabajó sólo para la Sagrada Familia. En 1926 un tranvía le atropelló, y murió tres días después.

Pelé (Edson Arantes do Nascimento, 1940～)

Pelé es el futbolista más famoso del siglo XX, lo llaman "el Rey del fútbol". Nació en Brasil. Su padre también fue futbolista, pero Pelé creció en la pobreza. Empezó a trabajar en un equipo profesional de fútbol a los quince años.

En Brasil, en 1958 se celebró La Copa Mundial, donde participó como miembro de la selección nacional brasileña a los 17 años, y Brasil ganó la Copa. Luego participó en 3 Copas Mundiales y llegó a ser 2 veces campeón. Mientras tanto ganó mucho dinero y fama. En 1977 se retiró. Pelé metió más de mil doscientos goles en total.

Después, trabajó como embajador de la FIFA para los niños y los jugadores, y también fue Ministro de Deporte en su país. Actualmente sigue trabajando para difundir el fútbol en todo el mundo.

B 自分が関心を持つ分野で、スペインやラテンアメリカで活躍した人を1人選び調べよう。そしてクラスで発表し合おう。Averigua sobre la vida de un personaje destacado de España o Latinoamérica que te interese, luego preséntalo a la clase.

Gramática

文法のまとめ Resumen gramatical

A. 点過去

1) スペイン語動詞の過去時制は、点過去、線過去と現在完了等で表すことができる。(p.84 参照)
2) 点過去形は過去の時間の中で**完結**した(終わったことがはっきりしている)行為や状況を表す。
3) 点過去形は**過去の明確な時や期間**を表す語を伴う場合が多い。

B. 過去の時の表現

1) 過去を表す語や句：ayer, anteayer, la semana pasada, el mes pasado, el año pasado...
2) Hace +数+ hora(s), día(s), semana(s), mes(es), año(s) + que ....文...で、「～前に…した」となる。
   ...文...hace + 数 + hora(s), días...の語順でもよい。
3) A los 数 años は「～歳のとき」、de niño, de joven は「子供／若いとき」で、生い立ち等を話すときに使える。

C. Al......

1) Al +不定詞で、「～する/した時」となる。不定詞なので、内容は主文の時制に合わせる。

Cultura

ラテンアメリカ原産の野菜
Hortalizas que nacieron en Latinoamérica

¿Sabes que muchas hortalizas que normalmente se comen en todo el mundo como los tomates, las papas y el maíz son originarias de Latinoamérica? Vamos a ver la historia de cada una.

Chuños

Maíz

El **tomate** nació en los Andes hace más de 3.000 años, pero era un fruto muy pequeño. Tiempo después, en México se cultivó y mejoró su tamaño. Cuando los españoles lo llevaron a Europa, al principio por su color rojo pensaban que era veneno y no se lo comían. Pero en el siglo 18 hubo una gran hambruna, entonces los italianos empezaron a comerlo y muy pronto también en toda Europa.

La **papa** o **patata** en España, nació a las orillas del Lago Titicaca en el sur de Perú donde existen cientos de variedades de papas. Originalmene era tóxica, los indígenas tenían una técnica para quitar lo tóxico y conservarla por mucho tiempo, se llama **"chuño"**. En el siglo XVI los españoles la llevaron a Europa.

Cuando Colón descubrió el Continente Americano en 1492, los indígenas del Caribe ya cultivaban el **maíz** y se lo llevó a Europa. En 1500 ya se cultivaba en Sevilla, luego en 1579 llegó a Japón. En México el maíz es la comida básica y se llama **"tortilla"**.

Tomates

Papas o patatas

Tortillas (tacos)

＿のついた動詞は
次の課で学習する
線過去の形よ。
12課を学習して
から読んでみると、
よく分かるわね。

Después del descubrimiento del Nuevo Mundo, gracias a los nuevos productos como las hortalizas, fueron una de las bases para el desarrollo de la sociedad de los países de Europa y el mundo.

思い出を話そう！ ¡Hablamos de recuerdos!

Tema

コミュニケーション	:	子どもの頃のことや旅行の思い出を話そう。
Comunicación	:	Hablar de los recuerdos de tu niñez y de tus viajes.
文　　　　法	:	過去の習慣や状況を話すときには、線過去を使う。
Gramática	:	El pretérito imperfecto se usa para expresar costumbres o las circunstancias en el pasado.

終わりがはっきりしていれば点過去、終わりの区切りがはっきりしなければ線過去を使う。
Se usa el Pret. Ind. si es claro cuándo terminó la acción, y si no es claro se usa el Pret. Imp.

Vocabulario

A 動詞＋（名詞）＋前置詞＋（動詞／名詞）　Verbo + (sustantivo) + prep. + (verbo/sustantivo)

aprender a tocar el piano   estar loco/a por el fútbol

soñar con ser piloto   jugar con videojuegos   pertenecer a un equipo

B 仕事　Actividades.

futbolista   bombero   policía   piloto   astronauta

astronauta, policíaや~istaは男性でも-aで終わるのよ。

pianista   florista   peluquera   pastelera   maestra de jardín de niños

C 5歳の頃、15歳の頃　Cuando tenía 5 años,...... Cuando tenía 15 años,......

Cuando tenía 5 años, ...

activo   tranquila   hablador   callado   tímida

Cuando tenía 15 años, ...

enamorarse de

ensayar con mi banda

practicar atletísmo

D 旅行で　En el viaje.

impresionarはgustarと同じ使い方よ。

hacer fotos   visitar monumentos   probar comidas típicas   impresionar (paisajes)

A 線過去   Pretérito imperfecto.

Antes vivíamos en un piso.
以前マンションに住んでいました。

Yo **jugaba** al fútbol todos los días.
私は毎日サッカーをしていました。

Hacía mal tiempo cuando fui a la playa.
海岸に行った時は、悪い天気でした。

規則活用 Verbos regulares.

jugar	aprender	vivir
jug**aba**	aprend**ía**	viv**ía**
jug**abas**	aprend**ías**	
jug**aba**	aprend**ía**	
jug**ábamos**	aprend**íamos**	viv**íamos**
jug**abais**	aprend**íais**	
jug**aban**	aprend**ían**	

不規則活用 Verbos irregulares.

ser	ir	ver
era	iba	
		veías
era		
éramos	íbamos	
erais		
		veían

不規則形は
たったの3つ！
あいているところは
規則形をヒントに
書き入れてみて。

yoとél は
同じ活用形ね。
文脈によって、
主語を付けてね。

1. 線過去の活用をしよう。線過去の使い方を考えよう。 Conjuga los verbos en Pret. Imp. Reflexiona cuándo se usa.

1) Nosotros (ir) _____ a la escuela en autobús todos los días.

2) Él siempre (estudiar) _____ en la biblioteca después de la clase.

3) Antes tú (dormir) _____ diez horas, pero ahora duermes poco.

4) Antes (haber) _____ un parque aquí, luego construyeron muchas casas.

5) Mi familia (ver) _____ la televisión cuando yo volví a casa anoche.

6) Yo (tener) _____ seis años cuando empecé a aprender a tocar el piano.

7) (Ser) _____ las once de la noche cuando Laura me llamó por teléfono.

過去の
年齢や時間は
いつも線過去！

construir : 建てる （活用はp.83参照）

B 子どもの頃についてたずねる 1   Preguntar a un compañero cómo era de niño/a. 1

¿Cómo eras de niña?
子どもの頃はどんな子でしたか？

Yo era muy activa.
私はとても活発でした。

¿Qué hacías entonces?
それで、何をしていましたか？

Todos los días jugaba mucho afuera.
毎日よく外で遊んでいました。

2. ペアになって、子どもの頃の話をしよう。 Pregunta en pareja.

hasta muy tarde   en casa   siempre preguntar "¿Por qué?"   estar detrás de un hermano

3. グループになって、自分はどんな子どもだったか、どんなことをしていたか話し合おう。
En grupo, cuenta a tus compañeros cómo eras de niño/a y qué hacías.

C 子どもの頃についてたずねる 2　Preguntar a tu compañero cómo era de niño/a. 2　 CD 2-20

¿Qué querías ser cuando eras niño?
子どもの頃、何になりたかったですか？

Soñaba con ser astronauta, y viajar a la luna.
宇宙飛行士になって、月に旅していることを夢見ていました。

4.　ペアになって、**Soñaba con ser~** を使って練習しよう。
En parejas practica usando "soñaba con ser".

luna：月

incendio

pastel

apagar incendios
viajar por todo el mundo
hacer arreglos con flores
jugar con los niños
ganar la Copa Mundial
tocar con una orquesta famosa
hacer pasteles todos los días

D ～歳の頃　Cuando tenía .....años,....　CD 2-21

¿Qué hacías cuando tenías 15 años?
15歳の頃、何をしていましたか？

Estaba loco por el atletismo, y gané el campeonato regional.
陸上競技に夢中になっていて、地方大会で優勝しました。

5.　ペアになって、線過去、点過去を使い分けて練習しよう。
Practica en pareja, usando el Pret. Imp. o el Pret. Ind.

緑字は
点過去に
なる動詞ね。

hacer una banda de rock,
ensayar en el gimnasio

enamorarse de...,
escribirse e-mails

aprender a tocar el piano
ganar en un concurso

conocer a un/a chico/a
siempre salir juntos

6.　LauraとAndrésはLauraの子供の頃の写真を見ています。会話を聞いて、動詞を書き入れよう。*には点過去を書こう。
Escucha la conversación y rellena con los verbos en Pret. Imp. o Pret. Ind.　CD 2-22

Laura _____ en Lima, Perú. Todos los días _____ afuera con su hermano y sus amigos.

Pero ella _____ tranquila y muy tímida, siempre _____ detrás de su hermano mayor.

Le _____ jugar a las muñecas, pero todos los niños _____ jugar fuera, desde entonces ha cambiado mucho.

Cuando ella _____ quince años, con su hermano y sus amigos *_____ una banda de rock.

Ella _____ vocalista, y _____ con ser cantante famosa. Ella *_____ de un chico guapo.

Él _____ loco por el fútbol, y nunca _____ a Laura.　capitán del equipo：チームのキャプテン

7.　Lauraの話を参考に、自分の子供の頃のことについて書いてみよう。
Escribe cómo eras de niño/a como en el ejercicio de arriba.

Yo vivía en _____

_____

_____

_____

_____

Avanzamos

A 点過去と線過去の使い方を考える   Uso de Pret. Ind. y Pret. Imp.

¿Qué tal fue el viaje?
旅行はどうでしたか？

Muy bien.
とてもよかったです。

Hacía buen tiempo, y nos divertimos mucho.
天気が良くて、とても楽しんできました。

1. 過去のことを話すとき、すでに終わった内容であれば点過去、その時の状況であれば線過去を使ってみよう。

Cuando contamos algo en pasado, usamos el Pret. Ind. si la acción terminó, y el Pret. Imp. si expresamos la circunstancia.

1) Cuando nosotros (visitar) _____ el monumento de Colón, (haber) _____ muchos turistas.

2) Yo (estar) _____ una semana allí, luego (ir) _____ a la otra ciudad.

3) Como (hacer) _____ muy buen tiempo ese día, nosotros (bañarse) _____ en el mar.

4) En el museo (estar) _____ prohibido hacer fotos, pero mis amigos (hacer) _____ muchas fotos.

5) En el viaje yo (probar) _____ muchas comidas típicas, (estar*) _____ muy ricas.

6) Yo (subir) _____ a la montaña, desde allí se (ver) _____ muy bien el paisaje, me (impresionar) _____ mucho.

turista：観光客、prohibido：禁止して

*は、実はこんな場合
点過去でも、線過去でも
使えるの。自然な会話では、
話者の判断によるところ、
難しいわ。下のhacer,
estarも同様よ。

B 旅行の話 **2**   Hablar de viajes. 2

Viajé a Perú en las vacaciones.
休暇にペルーへ旅行しました。

A ver, cuéntame de tu viaje.
それじゃあ、旅行のことを話して。

Primero llegamos a Cusco.
最初にクスコに着きました。

Caminamos por toda la ciudad, había muchos turistas.
町中を歩くと、観光客がたくさんいました。

2. この旅行の続きを、Mariに代わってペアの相手と一緒に話してみよう。点過去と線過去を使おう。

Con tu compañero continúa el viaje de Mari. Usa el Pret. Ind y el Pret. Imp.

Cuando Mari...., muchos turistas...   Mari...., ...   Cuando Mari...., los turistas....   Mari....

ver la Piedra de los 12 ángulos / hacer* fotos

probar la comida típica / estar* muy rica

entrar en una peña /escuchar música folklórica y bailar

bailar con los turistas

Al día siguiente Mari...., luego...   ...., pero.......   Mari......., y le.....   En las calles....., Mari....

ir a Machu Picchu en tren /cambiar al autobús para llegar allí

hacer muy buen tiempo /de repente empezar a llover

subir a Huayna Picchu /impresionar el paisaje

vender recuerdos /comprar muchos

A 会話をしよう。A conversar.

1. ペアになって次の会話を読んで、話の流れをよく理解しよう。 CD 2-25
   Lee la siguiente conversación en pareja.

> A： ¿Cómo eras de niño?
>
> B： Yo era tranquilo y tímido, pero soñaba con ser futbolista.
>
> Y tú, ¿qué querías ser?
>
> A： Yo quería ser florista, también muchas niñas querían.
>
> ¿Jugabas al fútbol de niño con tus amigos?
>
> B： No tenía amigos, pero cuando tenía 5 ó 6 años, mi padre siempre jugaba conmigo.
>
> A： ¿En la escuela practicabas?
>
> B： Sí, pertenecía al club de fútbol en la primaria, y en la secundaria también.
>
> Me hice capitán del equipo, ganamos una vez un campeonato regional.
>
> A： ¿Seguiste practicando en el instituto?
>
> B： Bueno, sí un poco, pero tenía que preparar el examen para entrar en la
>
> universidad y no podía jugar tanto como antes.
>
> A： ¿Y ahora?
>
> B： Juego en un club con mis amigos, pero me interesa más graduarme.
>
> A： Bueno, eso es normal.
>
> B： Ahora tú, cuéntame cómo eras de niña.

no...tanto :
  そんなに～ない
seguir+ 現在分詞 :
  ～し続ける

2. 自分の子どもの頃を思い出し、下の質問に答えよう。 Contesta recordando tu niñez.

¿Cómo eras de niño/a?	
¿Qué querías ser?	

¿Qué hacías
  cuando tenías........años?
  en la secundaria?
  en el instituto?	

¿Y ahora?	

3. 2.の内容をもとに、1.の会話のようにクラスメートとロールプレイをしよう。A, Bを交代して練習しよう。
   Con las respuestas de 2 haz un diálogo como el de la conversación 1 y alternando **A** y **B** practícalo con tu compañero.
   点過去と線過去と使い分けよう。Usa el Pret. Ind. y el Pret. Imp.

B 旅行記を書こう。 Escribe sobre un viaje que hiciste.

4. 次の質問に答えて、旅行記の原稿を作ろう。Primero contesta estas preguntas.
   1) ¿A dónde fuiste? ¿Con quién? ¿Cuántos días? ¿En qué fuiste?
   2) ¿Qué visitaste? ¿Qué había allí?
   3) ¿Qué tiempo hacía?
   4) ¿Qué te impresionó más?
   5) ¿Qué viste?
   6) ¿Qué comida y bebida probaste? ¿Qué tal estuvo / estaba la comida?
   7) ¿Compraste recuerdos? ¿Qué y para quién?

5. 40～50語で旅行記を書いて、撮ってきた写真やお土産などとともに、クラスで発表し合おう。
   Escribe una composición sobre tu viaje de 40 ó 50 palabras. Luego preséntala a toda la clase con las fotos o los recuerdos.

12

Gramática

文法のまとめ Resumen gramatical.

A. 線過去

1) 線過去は、過去の出来事の**区切りがはっきりしていない**場合に使う。

   Yo era muy activo. Él era profesor. Hacía buen tiempo.　　（過去の描写：性質、身分、状況等）

   Jugaba al fútbol todos los días. Siempre me levantaba temprano.　（過去の習慣）

   Antes había un parque aquí. De niño él vivía en Madrid.　　（過去の時点で継続中の事柄）

2) 過去の**時間、年齢**の表現は線過去を使う。

   Eran las once cuando volví a casa.　　Practicaba atletismo cuando tenía 15 años.

3) Antes（以前は）, todos los días, siempre等の副詞や、de niño / joven（子ども/若い頃）等は線過去と一緒に使われることが多い。(p.72,11課 文法のまとめ B.参照)

B. 点過去 と 線過去

1) 過去の時点で起きたことは点過去「〜した」、そのバックグラウンドの描写は線過去「〜していた」と表せる。

   Cuando llegué allí, había muchos turistas.　　（あちらに到着したとき、大ぜいの観光客がいました）

   De niño pertenecía a un club de fútbol, una vez ganamos un campeonato regional.

      （子どもの頃サッカークラブに所属していて、1度地方大会で優勝しました）

Cultura

スペインやラテンアメリカの祭りと行事
Fiestas de España y Latinoamérica

Las fiestas que se celebran actualmente tienen mucha relación con la historia, la religión, la naturaleza o las costumbres de España y Latinoamérica. Vamos a leer sobre tres fiestas famosas.

Las fallas

Una de las tres fiestas más grandes de España es la fiesta de "Las fallas" de Valencia. Antiguamente había una costumbre de quemar los restos de madera para celebrar el día de San José, el padre de Cristo, que era carpintero. Ahora se hacen muñecos gigantes, que se llaman "Ninots", y los queman.

El 2 de noviembre se celebra la fiesta de "El día de los Muertos", es una costumbre muy famosa en México. Este día todos recuerdan a sus muertos. En las casas y los cementerios se ponen ofrendas con comida o bebida que les gustaba a los muertos, y se adornan con flores de color amarillo (cempazúchitl), también se venden unas graciosas calaveras de azúcar o chocolate. Se cree que los muertos vienen a casa y pasan un día alegre.

El día de los Muertos

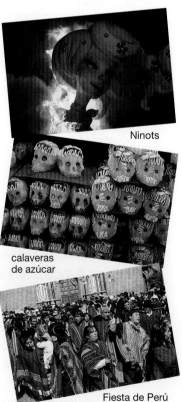
Ninots

calaveras de azúcar

Fiesta de Perú

"Inti Raimi" o "Fiesta del Sol" es una fiesta de la cultura inca de Perú, representa la llegada del nuevo año. Se celebra en Cusco que fue la capital del Imperio Inca. Muchos turistas de todo el mundo vienen para conocer la historia y también los peruanos para recordar su origen.

¿Te interesaron estas fiestas? Las fiestas nos ayudan a imaginar la vida, la manera de pensar..., y a darnos cuenta de que algunas ceremonias son muy similares entre el mundo hispano y Japón. Puedes averiguar más por Internet o en la biblioteca, y un día vamos a planear un viaje para verlas directamente.

Será el momento de probar tu español. ¡Anímate y vamos!

発音と読み方の練習

Pronunciación 1　母音の練習　vocales. テキストp.6を参照。（Ver p.6）CD 2-26

Pronunciación 2　アクセントの練習　Acentuación.

Ⓐ 一緒に発音しよう。Pronunciamos. CD 2-27

mesa	cama	gato	banco	mano
bonito	botella	muñeco	ventana	muchacho
chocolate	cenicero	calabaza	favorito	medicina

Ⓑ もう一度聞いて、アクセントのあるところの音節を○で囲もう。CD 2-28
Escucha otra vez y marca la sílaba que tiene acento.

Ⓒ 次の語に母音を書き入れよう。Escucha y escribe las vocales que faltan. CD 2-29

c __ r __ 　　g __ t __ 　　d __ d __ 　　fr __ t __ 　　c __ m __ d __

__ n __ r __ 　　t __ t __ r __ 　　m __ ch __ ch __ 　　__ f __ c __ n __ 　　__ l __ m __ nt __

Pronunciación 3　2重母音のアクセントの練習　Diptongos y acentuación.

Ⓐ 一緒に発音しよう。2重母音はひとつの母音のように発音しよう。CD 2-30
Pronunciamos. Los diptongos se pronuncian en una sola emisión de voz.

ia : piano	Italia	ie : viento	cielo	io : odio	novio
ua: cuadro	agua	ue: escuela	cuerda	uo: cuota	oblicuo
ai : baile	gaita	ei : peine	treinta	oi : estoy	coincidencia
au: sauna	aurora	eu: Europa	terapeuta		
ui : cuidado	Luis	iu : ciudadano	triunfo		

Ⓑ 次の語に2重母音を書き入れよう。Escucha y escribe los diptongos que faltan. CD 2-31

p __ __ blo 　　antig __ __ 　　s __ __ s 　　sit __ __ 　　d __ __ da

As __ __ 　　t __ __ mpo 　　S __ __ za 　　c __ __ sa 　　ad __ __ na

Ⓒ アクセントのあるところの音節を○で囲もう。Escucha otra vez y marca la sílaba que tiene acento. CD 2-32

cuento	viaje	novia	tienda	neutro
abuela	Europa	cuaderno	familia	vainilla
estudiante	ciudadela	Guatemala		

Pronunciación 4　アクセントの練習　アクセント記号を付ける場合
Acentuación (con acento ortográfico).

Ⓐ 一緒に発音しよう。Pronunciamos. CD 2-33

（青はアクセントがある音節）

| café | bambú | Perú | esquí | ojalá |
| fábrica | médico | América | simpático | gramática |

弱 強　　　強 弱　　（2重母音だが弱母音にアクセント記号がある）

| día | oído | país | María | policía |

Práctica de pronunciación

B 次の語にアクセント記号を付けよう。Escribe el acento ortográfico. (CD 2-34)

| sabado | pelicula | rapido | guia | numero |
| frio | musica | ultima | proxima | hipopotamo |

Pronunciación 5 子音で終わる語 Terminación en consonantes. (CD 2-35)

A 一緒に発音しよう。Pronunciamos.

tenis　　lunes　　lejos　　comen　　compran　　estudian

tomar　　profesor　　Ecuador　　usted　　ciudad　　universidad

papel　　final　　español　　feliz　　rapidez　　reloj

B もう一度聞いて、アクセントのあるところの音節を○で囲もう。Escucha otra vez y marca la sílaba que tiene acento. (CD 2-36)

...s, ...n

...r, ...d, ...l, ...z

C 次の語にアクセント記号を付けよう。Escribe el acento ortografico. (CD 2-37)

| frances | autobus | Andres | avion | cancion | tambien |
| arbol | dificil | chandal | caracter | lapiz | huesped |

Pronunciación 6 s, c, z の練習 + que, qui Pronunciación de las letras "s, c, z" y "que, qui".

A 一緒に発音しよう。Pronunciamos. (CD 2-38)

saco　　seis　　siete　　sombrero　　suave

zapato　　cero　　cinco　　zona　　zumo

casa　　queso　　químico　　cocina　　cumbre

B "s" または "c" を書き入れよう。Escribe la letra "s" o "c". (CD 2-39)

___onido　　on___e　　___ien　　___ierra　　___emana

C "c" または "qu" を書き入れよう。Escribe la letra "c" o "qu". (CD 2-40)

___uatro　　má___ina　　pe___eño　　___ancha　　mante___illa

Pronunciación 7 g, j, hの練習 + gue, gui. Pronunciación de la letra "g, j, h" y "que, qui".

A 一緒に発音しよう。Pronunciamos. (CD 2-41)

gato　　gente　　gimnasia　　goma　　gusto　　guerra　　guitarra

gasolina　　Argentina　　gigante　　agosto　　Paraguay　　portugués　　seguir

jamón　　jefe　　jirafa　　joven　　justo

caja　　mensaje　　trajiste　　bajo　　conjuga

hacer　　hecho　　hijo　　hotel　　huevo

B "g" または "j" を書き入れよう。Escribe la letra "g" o "j". (CD 2-42)

___apón　　bin___o　　___asta　　ho___a　　___usto

___ue___o　　ro___o　　gi___ante　　al___odón　　___orge

C "g" または "gu" を書き入れよう。Escribe la letra "g" o "gu". (CD 2-43)

lar___o　　á___ila　　Mi___el　　pá___ina　　___enio

Pronunciación 8　r、rr、l の練習　Pronunciación de la letra "r", "rr" y "l".

A　一緒に発音しよう。Pronunciamos. [CD 2-44]

cero	verano	serio	herida	Europa	sombrero
roca	Ramón	rico	perro	correo	arroz
hola	alto	lengua	julio	delgado	ejemplo

pero　perro　pelo　　　　caro　carro　calor　　　hiero　hierro　hielo

B　どちらの発音か選ぼう。Marca la palabra que escuches. [CD 2-45]

(　) hiero　　　　(　) rana　　　　(　) caro　　　　(　) roca
(　) hierro　　　(　) lana　　　　(　) carro　　　(　) loca

(　) pero　　　　(　) cora　　　　(　) caro　　　　(　) hiero
(　) pelo　　　　(　) cola　　　　(　) calor　　　(　) hielo

C　"r", "rr" または "l" を書き入れよう。Escribe la letra "r", "rr" o "l". [CD 2-46]

___ una　　___opa　　co___eo　　co___o　　___oco　　___e___oj　　___et___a

Pronunciación 9　ll, y の練習　Pronunciación de la letra "ll" y "y".

A　一緒に発音しよう。Pronunciamos. [CD 2-47]

calle	pollo	paella	pasillo	lluvia	llamar	llorar	allí
yo	yogur	ayer	playa				

y　　　hay　　　soy　　　voy　　　rey　　　estoy　　　Paraguay

B　どちらの発音か選ぼう。Marca la palabra que escuches. [CD 2-48]

(　) vale　　　(　) polo　　　(　) luego　　　(　) lema
(　) valle　　(　) pollo　　(　) llueve　　(　) yema

Pronunciación 10　x の練習　Pronunciación de la letra "x".

A　一緒に発音しよう。Pronunciamos. [CD 2-49]

examen	exacto	exagerado	existencia	exótico
excepto	extraño	extranjero	experiencia	explicar

B　発音されたことばを書こう。2回ずつ聞いて書こう。Escribe las palabras que escuches. Escucha 2 veces. [CD 2-50]

_____　_____　_____　_____　_____

Pronunciación 11　2重子音 br/bl, fr/fl, gr/gl, cr/cl, tr, dr, pr/pl. の練習　Pronunciación de las consonantes compuestas.

A　一緒に発音しよう。Pronunciamos. [CD 2-51]

hombre - hable	fruta - flauta	negro - glaciar	crisis - clínica
centro - X	drama - X		
preso - pleno	probar - plomero	siempre - simple	

B　"l" と "r" に注意して、2重子音を書こう。[CD 2-52]
　　Escribe las consonantes compuestas que escuches cuidando la diferencia entre "l" y "r".

___ ___esa / ___ ___or　　　　　___ ___ástico / ___ ___áctica　　　___ ___ado / a___ ___auso

___ ___avel / con___ ___eto　　　re___ ___a / san___ ___ía　　　cu___ ___e / ro___ ___e

___ ___imo / am___ ___io　　　　___ ___adiciónal　　　　　　___ ___agón

Práctica de pronunciación

C 母音の位置に注意して、lまたはrとuの2文字を書き入れよう。Escribe dos letras que escuches cuidando el lugar de la "u".

CD 2-53

c___ ___b / c___ ___ebra   p___ ___ma / p___ ___so   áng___ ___o / deg___ ___tir

b___ ___la / b___ ___to   disf___ ___to / f___ ___ioso   p___ ___gar / p___ ___dencia

---

Pronunciación 12 イントネーション Entonación.

A 一緒に発音しよう。Pronunciamos. CD 2-54

Sí.	¿Sí?	¡Sí!
No.	¿No?	¡No!
Verdad.	¿Verdad?	¡Verdad!
Está bien.	¿Está bien?	¡Está bien!
Eres japonesa.	¿Eres japonesa?	¡Eres japonesa!
Hablas español.	¿Hablas español?	¡Hablas español!

B どの文か選ぼう。Marca la frase que escuches. CD 2-55

( ) Sí.   ( ) ¿Sí?   ( ) ¡Sí!

( ) No.   ( ) ¿No?   ( ) ¡No!

( ) Verdad.   ( ) ¿Verdad?   ( ) ¡Verdad!

( ) Está bien.   ( ) ¿Está bien?   ( ) ¡Está bien!

( ) Eres japonesa.   ( ) ¿Eres japonesa?   ( ) ¡Eres japonesa!

( ) Hablas español.   ( ) ¿Hablas español?   ( ) ¡Hablas español!

Pronunciación 13 過去形のアクセント Con y sin acento ortográfico.

A 一緒に発音しよう。Pronunciamos. CD 2-56

1. Yo estudio español.   Él estudió español.

2. Yo vivo en Tokio.   Él vivió en Tokio.

3. Yo aprendo inglés.   Él aprendió inglés.

4. Me levanto a las 7.   Se levantó a las 7.

5. El profesor llega muy tarde.   El profesor llegó muy tarde.

6. Cierro la puerta antes de salir.   Cerró la puerta antes de salir.

B どちらの発音か選ぼう。Marca la frase que escuches. CD 2-57

1. ( ) Abro la ventana.   ( ) Abrió la ventana.

2. ( ) Como mucho.   ( ) Comió mucho.

3. ( ) Hablo con ella.   ( ) Habló con ella.

4. ( ) Pregunto al profesor.   ( ) Preguntó al profesor.

5. ( ) ¿Compro un CD?   ( ) ¿Compró un CD?

6. ( ) ¿Preparo paella?   ( ) ¿Preparó paella?

7. ( ) ¿Llego tarde?   ( ) ¿Llegó tarde?

8. ( ) ¿Te espero en casa?   ( ) ¿Te esperó en casa?

文法のまとめ 補足説明

1. 動詞

A 動詞の活用形

　このテキストでは、直説法現在、点過去、線過去、命令 (tú の肯定命令)の4つの時制の動詞活用形と、現在完了、現在進行形を学習した。

(主にテキストに提示された動詞のみを扱っている)

不定詞	規則形 -ar	規則形 -er	規則形 -ir	不規則形など
現在	-o -as -a -amos -áis -an	-o -es -e -emos -éis -en	-o -es -e -imos -ís -en	① 不規則：ser, estar, ir, tener, venir, decir ② 1人称単数で不規則 　-go：hacer, salir, poner 　その他：ver*, dar*, saber, conocer (*アクセント記号注意) ③ 語根母音変化：e → ie：-ar, -er, -ir　　　e → i：-ir のみ 　　　　　　　　 o → ue：-ar, -er, -ir　　u → ue：jugar ④ アクセント記号注意：freír
点過去	-é -aste -ó -amos -asteis -aron	-í -iste -ió -imos -isteis -ieron		① 同じ形：ser / ir, ② 母音が1つ：ver, dar ③ 3人称で変化 　e → i：語根母音変化動詞のうちの -ir：sentir, pedir, etc. 　i → y：語尾の前が母音：leer, construir, oír ④ 特別な語幹＋-e, -iste, -o, -imos, -isteis, -ieron 　estar, tener, venir, hacer, querer, poder, decir(dijeron), etc.
線過去	-aba -abas -aba -ábamos -abais -aban	-ía -ías -ía -íamos -íais -ían		3語のみ ser: era, eras, era, éramos, erais, eran ir: iba, ibas, iba, íbamos, ibais, iban ver: veía, veías, veía, veíamos, veíais, veían
命令 (tú の肯定 命令のみ)	-a	-e		① 不規則：ir → ve　　　venir → ven 　　　　　　 hacer → haz　decir → di 　　　　　　 ponerse → ponte
現在 完了	(haber) he has ha hemos habéis han	（過去分詞） ＋ -ado -ido		過去分詞不規則形 　escribir → escrito　　ver → visto 　volver → vuelto　　　poner → puesto 　hacer → hecho　　　decir → dicho 　leer → leído（アクセント記号注意）
現在 進行形	(estar) estoy estás está estamos estáis estan	（現在分詞） ＋ -ando -iendo		現在分詞不規則形 ①e → i：pedir → pidiendo　　vestirse → vistiéndose 　　　　 venir → viniendo 　o → u：dormir → durmiendo ②-iendo → yendo 　　　 leer → leyendo　　　　ir → yendo

B 動詞の用法

(＊は、このテキストでは未習)

現在

Vivo en Tokio.	私は東京に住んでいます。（現在の事実）
Te levantas a las seis todos los días.	君は毎日6時に起きます。（習慣的な事実）
Mañana no tenemos clase.	私たちは明日授業がありません。（確定している未来）
＊ Hace ocho meses que estudio español.	8か月前から私はスペイン語を勉強しています。（過去から現在も継続）

Gramática

点過去

Yo nací en Tokio.　　　　　　　　　　　　　　私は東京で生まれました。（過去の事実）
Ella estudió literatura en la universidad.　　　彼女は大学で文学を勉強しました。（過去に終わっている行為）
Ellos visitaron a su abuelo hace una semana.　彼らは一週間前に祖父を訪問しました。（時間が明確な過去の行為）

線過去

Hacía muy buen tiempo.　　　　　　　　　　　良い天気でした。（過去の状況）
Siempre jugábamos fuera hasta tarde.　　　　　いつも遅くまで外で遊んでいました。（過去の習慣的行為）
Cuando empezó a llover, me bañaba.　　　　　雨が降り始めたとき、私は入浴中でした。（バックグラウンドの状況）

命令

Escríbelo en tu cuaderno.　　　　　　　　　　それをノートに書きなさい。（命令）
¿Puedo cerrar la ventana? － Sí, ciérrala.　　窓を閉めてもいいですか？ － はい、閉めてください。（許可、依頼）

現在完了

Hemos preparado paella una vez.　　　　　　　私たちは1度パエリャを作ったことがあります。（経験）
* No he desayunado todavía.　　　　　　　　　私はまだ朝ご飯を食べていません。（完了）
* Él ha llegado tarde a clase esta mañana.　　彼は今朝授業に遅刻しました。（現在を含む期間に起きたこと）

現在進行形

Estoy buscando regalos por Internet.　　　　　私はインターネットでプレゼントを探しているところです。（進行中）
* Cenamos viendo la televisión siempre.　　　私たちはいつもテレビを見ながら夕食をとります。（～しながら～）

Ⓒ 再帰動詞の用法

¿Cómo te llamas? － Me llamo Luis.　　　　　お名前は何ですか？ － ルイスと申します。（自分自身を～）
Me levanto a las siete todos los días.　　　　私は毎日7時に起きます。（他動詞の自動詞化）
* Nos escribimos e-mails todos los días.　　私たちは毎日メールを書き合っています。（相互、～し合う）
* Ya es tarde, me voy.　　　　　　　　　　　もう遅いので、私は帰ります。（意味を強めて）
Se fríen las cebollas y el pollo.　　　　　　玉ねぎと鶏肉を炒めます。（受身、モノが主語）
¿Por dónde se va a la estación?　　　　　　どこを通って駅へ行きますか？（無人称）

Ⓓ ＋不定詞

querer　　Quiero viajar a España.　　　　　私はスペインへ旅行したいです。（願望）
　　　　　　¿Quieres venir a mi casa?　　　　私の家に来ませんか？（誘い）

poder　　Puedo trabajar los domingos.　　　私は日曜日に働けます。（可能）
　　　　　　¿Puede cerrar la puerta?　　　　　ドアを閉めてもらえますか？（依頼）
　　　　　　¿Puedo entrar?　　　　　　　　　入ってもいいですか？（許可）

saber　　Sé nadar bien.　　　　　　　　　私は泳ぎが上手です。（技術的能力）

ir a ＋　Ellos van a comprar un coche.　　彼らは車を買うつもりです。（近い未来）
　　　　　　Vamos a comer.　　　　　　　　食べましょう。（Let's～）

tener que　Tengo que descansar bien.　　　私はよく休まなければいけません。（必要）

hay que　Hay que quitarse los zapatos aquí.　（誰でも）ここでは靴を脱がなければいけません。（義務）

2. 人称代名詞

主語代名詞は、文脈により省略する場合が多い。
間接目的語代名詞、直接目的語代名詞は、活用した動詞の直前に置く。
前置詞の後につく代名詞は、1人称・2人称単数では主語代名詞と異なった形になる。conmigo, contigo は特別な形。

主語		間接目的語代名詞	直接目的語代名詞		前置詞の後につく代名詞
yo		me	me		a mí
tú		te	te		a ti
él, ella, usted	(no)	le (se)	lo / la	＋V	a él, ella, usted
nosotros/as		nos	nos		a nosotros/as
vosotros/as		os	os		a vosotros/as
ellos, ellas, ustedes		les (se)	los / las		a ellos, ellas, ustedes

3. 所有形容詞前置形

名詞の前に付けるが、後続する名詞の性・数により語尾変化する。
青字の部分が所有者を表し、赤字の部分が後続する名詞の性・数によって変化をする。

後続する名詞が	単数の男・女	複数の男・女	後続する名詞が	単数の男・女	複数の男・女
私の	mi	mis	私たちの	nuestro/a	nuestros/as
君の	tu	tus	君たちの	vuestro/a	vuestros/as
彼・彼女の・あなたの	su	sus	彼らの・彼女たちの・あなた方の	su	sus

Mi coche está aquí y su coche está allí.　　私の車はここにあって、彼（彼女の・あなたの・彼・彼女たちの・あなた方）の車はそこにあります。

4. 指示詞

名詞の前に付けて指示形容詞となり、後続する名詞を付けない場合は指示代名詞になるが、どちらの形も同じ。
指し示す名詞の性・数により、赤字の部分のように語尾変化する。「こ（そ・あ）のこと」には中性形を使う。

指し示す名詞が	単数・男	単数・女	複数・男	複数・女	中性形
この（これ）	este	esta	estos	estas	esto
その（それ）	ese	esa	esos	esas	eso
あの（あれ）	aquel	aquella	aquellos	aquellas	aquello

Esta habitación es pequeña pero aquella es grande.　　この部屋は小さいですが、あれ（あの部屋）は大きいです。

5. 疑問詞

疑問詞は、必ずアクセント記号をつけなければならない。

qué	¿Qué hace tu padre?	君のお父さんは何をしていますか？
a qué hora	¿A qué hora te levantas?	君は何時に起きますか？
por qué	¿Por qué no tomas medicina?	なぜ薬を飲まないのですか？
quién	¿Quién es él?	彼は誰ですか？
a quién	¿A quién esperas?	君は誰を待っていますか？
con quién	¿Con quién viven ellos ?	彼らは誰と一緒に住んでいますか？
dónde	¿Dónde trabajan ustedes?	あなた方はどこで働いていますか？
adónde	¿A dónde vais?	君たちはどこへ行きますか？
de dónde	¿De dónde es ella?	彼女はどこの出身ですか？
cómo	¿Cómo es tu hermano mayor?	君のお兄さんはどんな人ですか？
cuándo	¿Cuándo es tu cumpleaños?	君の誕生日はいつですか？
cuánto	¿Cuánto cuesta esa camisa?	そのシャツはいくらですか？
cuántos	¿Cuántos años tienes?	君は何歳ですか？
***cuál**	¿Cuál prefieres, este o ese?	これとそれと、どちらが（より）好きですか？

6. 前置詞

a	Voy **a** la universidad.	私は大学へ行きます。（到達点）
	Ella le ayuda **a** su madre en casa.	彼女はいつも家で母を手伝います。（人の目的語の前）
	Nos acostamos **a** las once.	私たちは11時に就寝します。（時刻）
	Se dobla **a** la izquierda.	左に曲がります。（場所を表す副詞句として）
de	Soy estudiante **de** la universidad....	私は…大学の学生です。（名詞〜の〜名詞）
	Ella es **de** Madrid.	彼女はマドリッドの**出身**です。（出身地）
	Salimos **de** casa a las nueve.	私たちは家を9時に出ます。（起点）
	Este coche es **de** mi profesor.	この車は私の先生のです。（所有）

Gramática

en	Hoy ellos cenan **en** un restaurante.	彼らは今日レストランで夕食を食べます。（行為の場所）
	El gato está **en** la cama.	猫はベッドの**中**にいます。（位置）
	El libro está **en** la mesa.	本は机の**上**にあります。（位置）
	Llueve mucho **en** junio.	６月に**たくさん雨が降ります。（月・年）
	Me gusta viajar **en** tren.	私は列車**で**旅行するのが好きです。（方法）
con	Salgo **con** mis amigos.	私は友人たち**と**出かけます。（一緒に）
	Se tapa **con** el plato.	皿で**ふたをします。（道具）
desde, hasta	Se tarda diez minutos **desde** aquí **hasta** la estación.	
		ここ**から**駅**まで**10分かかります。（場所）
	El supermercado está abierto **desde** las diez y **hasta** las ocho.	
		スーパーは10時**から**8時**まで**開いています。（時間）
por	No tengo clase **por** la mañana.	私は午前**中**授業がありません。（時間）
	Te llamo **por** teléfono.	私は君に電話をします。（手段）
	Viajamos **por** Europa.	私たちはヨーロッパ**を**旅行します。（場所、〜をあちらこちら）

その他の前置詞では、para（〜ために）, entre（〜の間に）, sobre（〜の上に、〜について）, *sin（〜なしで）等がある。
前置詞は、いろいろな動詞とともに文を構成する。
　aprender a ..., pertenecer a ..., enamorarse de..., soñar con..., estar loco por... 等。

7. 接続詞

y	Su casa es grande **y** moderna.	彼の家は大きく**て**、モダンです。
pero	Su coche es moderno **pero** está sucio.	彼の車は新型です**が**、汚れています。
que	El médico dice **que** tengo que descansar bien.	私はよく休まなければいけない、**と**医者が言っています。
	Creo **que** le duele la muela.	彼は歯が痛いのだろう**と**思います。
si	**Si** tienes mucha fiebre, tienes que ir al médico.	**もし**熱があっ**たら**、君は医者に行かなければいけません。
cuando	**Cuando** ella tenía 15 años, fue a México.	彼女は15歳の**時**、メキシコへ行きました。
(al＋不定詞)	**Al** graduarme, viajé a Francia con mis amigos.	私は卒業した**時**、友人たちとフランスに旅行しました。
porque	No vamos a la playa **porque** hace frío.	寒い**ので**、私たちは海岸へ行きません。
mientras	**Mientras** tanto se bate los huevos.	その**間**に卵を泡立てます。

8. 不定語、否定語

algo / nada	Queremos comer **algo** ligero.	私たちは**何か**体に優しいものを食べたいです。
	Ella **no** hizo **nada** especial.	彼女は**何も**特別なことはし**ません**でした。
	No me gusta **nada**.	私は**全然**好きではあり**ません**。
alguien / nadie	Si **alguien** está resfriado, hay que tomar la medicina.	
		（**誰かが**）風邪をひいたら、薬を飲むべきです。
	***Nadie** vive en esta casa.	**誰も**この家に住んでい**ません**。
nunca	**Nunca** he viajado a Europa.	私はヨーロッパに旅行したことがあり**ません**。
	No he viajado a Europa **nunca**.	

algún〜, alguna〜 / *ningún〜 (ninguno), ninguna〜
後続する名詞の性・数によって、語尾変化をする。名詞が明確な場合は、省略することもある。

¿Has visto una película argentina **alguna** vez?	アルゼンチン映画を見たことがありますか。
No, todavía no he visto **ninguna** (película).	いいえ、まだ**1つも**見たことがありません。
No, todavía no la he visto **ninguna** vez.	いいえ、まだ**1回も**それを見たことがありません。
He viajado a Kioto **algunas** veces.	私は京都へ**何回か**旅行したことがあります。

基数、序数、国名と国籍

0 cero					
1 uno	6 seis	11 once	16 dieciséis	21 veintiuno	30 treinta
2 dos	7 siete	12 doce	17 diecisiete	22 veintidós	31 treinta y uno
3 tres	8 ocho	13 trece	18 dieciocho	23 veintitrés	32 treinta y dos
4 cuatro	9 nueve	14 catorce	19 diecinueve	28 veintiocho	40 cuarenta
5 cinco	10 diez	15 quince	20 veinte	29 veintinueve	43 cuarenta y tres

1) 1, 21, 31,...は男性名詞を数える場合un~, veintiún~, treinta y un~,... 女性名詞にはuna~, veintiuna~, treinta y una~,... になる。
2) 30までは1語で書く。16~19はdieciséis,... 21~29 veintiuno,...のように2つの数字が1つになる。
3) 31以降は、10の位と1の位の数がyで結ばれる。yで結ばれるのはこの位のみ。

50 cincuenta	101 ciento uno	600 seiscientos/as	2.000 dos mil
60 sesenta	110 ciento diez	700 setecientos/as	5.000 cinco mil
70 setenta	200 doscientos/as	800 ochocientos/as	10.000 diez mil
80 ochenta	300 trescientos/as	900 novecientos/as	100.000 cien mil
90 noventa	400 cuatrocientos/as	1.000 mil	120.000 ciento veinte mil
100 cien	500 quinientos/as	1.001 mil uno	1.000.000 un millón

4) 100はcienだが、101からはcientoになって10の位がそのまま続く。
5) 200~900は女性名詞を数える場合、女性形 ~asになる。　　doscientas niñas　200人の女の子
6) milは複数形にならない。

1番目 primero	2番目 segundo	3番目 tercero	4番目 cuarto	5番目 quinto
6番目 sexto	7番目 séptimo	8番目 octavo	9番目 noveno	10番目 décimo

1) 名詞の性・数に一致させる。　　la segunda clase 2時限目　los primeros días 初めの数日
2) 1番目、3番目は男性名詞の前で語尾が脱落する。　el primer hijo 初めての子供　el tercer año 3年目、3年生

国籍の男性単数形は、名詞として「～語」の意味を持つ。

Japón	日本	japonés	Chile	チリ	chileno
España	スペイン	español	Paraguay	パラグアイ	paraguayo
México	メキシコ	mexicano	Uruguay	ウルグアイ	urguayo
Guatemala	グアテマラ	guatemalteco	Argentina	アルゼンチン	argentino
El Salvador	エルサルバドル	salvadoreño			
Honduras	ホンジュラス	hondureño	Brasil	ブラジル	brasileño
Nicaragua	ニカラグア	nicaragüense	Estados Unidos	アメリカ合衆国	estadounidense
Costa Rica	コスタリカ	costarricense	Canadá	カナダ	canadiense
Panamá	パナマ	panameño	China	中国	chino
Cuba	キューバ	cubano	Corea	韓国	coreano
República Dominicana	ドミニカ共和国	dominicano			
Puerto Rico	プエルトリコ	portorriqueño	Ingraterra	イギリス	inglés
Colombia	コロンビア	colombiano	Francia	フランス	francés
Venezuela	ベネズエラ	venezolano	Alemania	ドイツ	alemán
Ecuador	エクアドル	ecuatoriano	Italia	イタリア	italiano
Perú	ペルー	peruano	Portugal	ポルトガル	portugués
Bolivia	ボリビア	boliviano	Rusia	ロシア	ruso

写真提供

Otros créditos:

- Gabriel García Marquez Foto: The Douglas Brothers;
  Copyright Harper-Perennial
- ALMA http://www.almaobservatory.org/es/visuales/
  imagenes/el-observatorio-alma/?g2_itemId=4603

Créditos de Shutterstok

Natursports; Featureflash; JStone; Neftali (2); rook76;
catwalker; Darios; Kutlayev Dmitry; Xiong Wei; Neirfy;
Marques; Sergey Golotvin; Bill Florence; Gordon
Galbraith; holbox; Chris Jenner; soft_light; Kamirav;
Borya Galperin; PixelDarkroom; Filipe Frazao; Pablo
Hidalgo - Fotos593; Anton_Ivanov (2); Steven Gill;
catwalker; ANDRE DURAO; Joel Shawn; George
Dolgikh; Vladir09; Zigzag Mountain Art; aimy27feb; Brent
Hofacker; holbox; Brian Maudsley; AGCuesta; Marc C.
Johnson; Kirill Trifonov.

＊クレジット表記の必要なもののみ掲載

イラストで楽しもう、スペイン語！
改訂版

検印
省略

©2015 年 1 月 30 日　初 版 発 行
2020 年 1 月 30 日　第 6 刷 発 行
2021 年 1 月 30 日　改訂初版発行
2023 年 1 月 30 日　第 3 刷 発 行

著　者　　　　　浦　眞佐子
　　　　　　　フランシスコ・パルティダ

発行者　　　　　原　雅久
発行所　　　　株式会社 朝 日 出 版 社
　　　　　〒101-0065 東京都千代田区西神田 3-3-5
　　　　　TEL (03) 3239-0271・72 (直通)
　　　　　振替口座　東京 00140-2-46008
　　　　　http://www.asahipress.com/
　　　　　メディアアート / 図書印刷

¡Imagínatelo!
Nueva edición

Cuadernillo de Ejercicios para Estudiantes

練習ノート

学習した語彙を覚えよう！

クラスで話したことを書いて確認しよう！

新しい語彙を増やそう！

N.º _____ Nombre _____

Introducción

Vocabulario

A. アルファベット　p.1　Alfabeto.

A, Bのペアになって、**A**は**B**に[A]にあるアルファベットを読もう。**B**は読まれたアルファベットにしたがって、[B]にある点をつないでいこう。

次に**A**、**B**交代してやろう。さて、何と読めるかな？

En pareja, **A** lee de [A] en cada, **B** pone las líneas seguidas en [B] siguiendo el orden de **A**. Luego cambia las partes de **A** y **B**. ¿Qué palabra aparece?

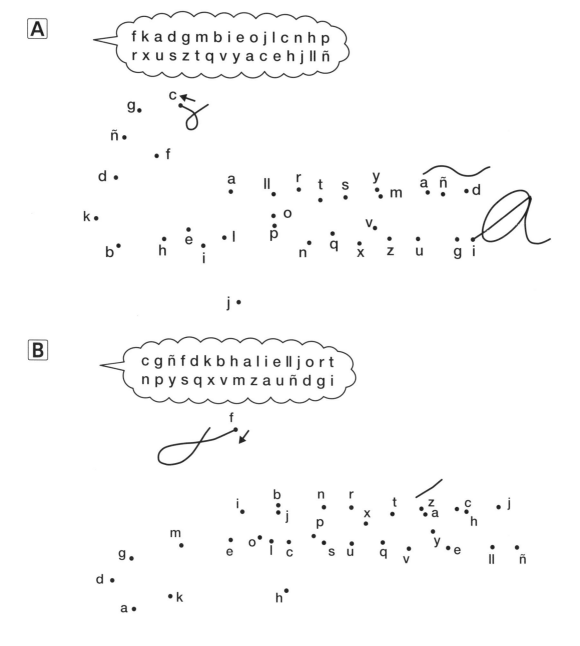

1

B. 2. あいさつ   p.1   Saludos.

あいさつを覚えたら、書いて確認しよう。

Avanzamos   p.4

A. 1. 数字を書こう。Escribimos los números.

1 _____   2 _____   3 _____   4 _____   5 _____

6 _____   7 _____   8 _____   9 _____   10 _____

Conversamos   p.4

C. 5. あいさつの会話を書こう。Completamos la conversación.

A : ¡ _____ , _____ (名前)！　やあ、

B : ¡ _____ , _____ (名前)！¿_____？ (調子は) どう？

A : _____ . ¿_____？　で、君は？

B : _____ , _____ .

A : _____ さようなら。

B : _____ , _____ .　さようなら、また明日。

Ortigrafía y Gramática   p.5

A. 次の単語を書こう。Escribimos el vocabulario.

国名を書こう。Escribimos los nombres de países.

A, Bのペアになって、互いに空白になっている国名を質問して、書き入れよう。

A

A： ¿Cómo se llama el país A?　　Aの国は何という名前ですか？

B： México.

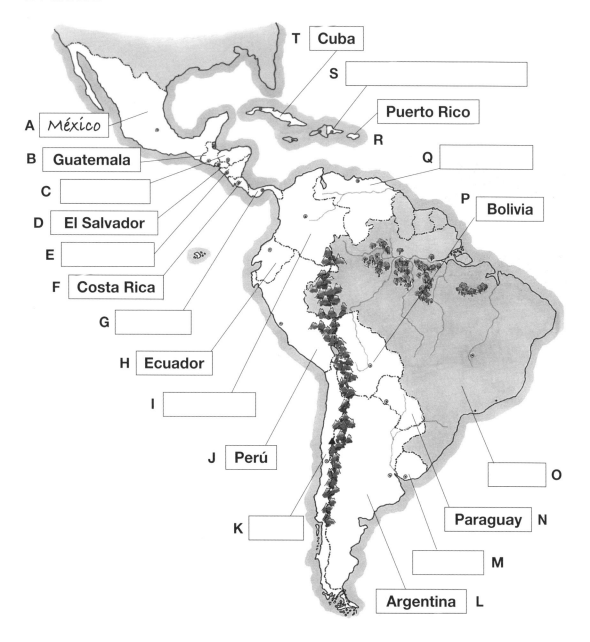

T ｜ **Cuba**

S ｜

Puerto Rico

R

Q

A ｜ *México*

B ｜ **Guatemala**

C ｜

D ｜ **El Salvador**

E ｜

F ｜ **Costa Rica**

G ｜

H ｜ **Ecuador**

I ｜

J ｜ **Perú**

K ｜

P

Bolivia

O

Paraguay ｜ N

M

Argentina ｜ L

B

A : ¿Cómo se llama el país B?　　Bの国は何という名前ですか？

B : Guatemala.

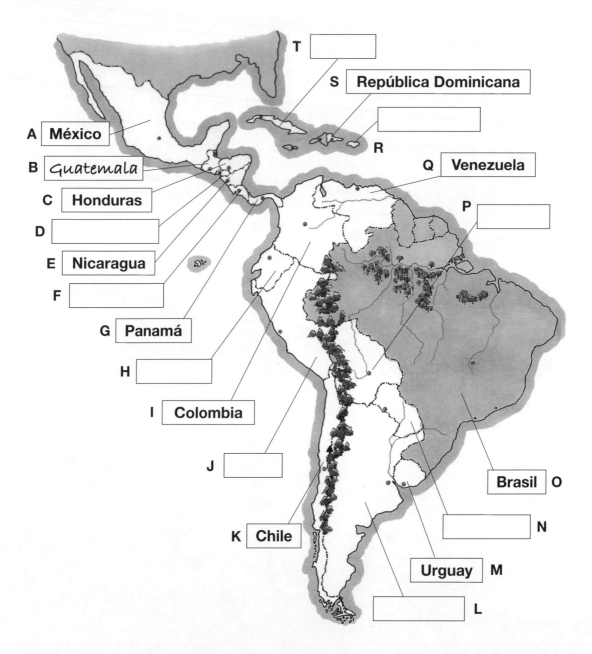

A ⟮ México ⟯

B ⟮ Guatemala ⟯

C ⟮ Honduras ⟯

D ⟮ ⟯

E ⟮ Nicaragua ⟯

F ⟮ ⟯

G ⟮ Panamá ⟯

H ⟮ ⟯

I ⟮ Colombia ⟯

J ⟮ ⟯

K ⟮ Chile ⟯

T ⟮ ⟯

S ⟮ República Dominicana ⟯

R ⟮ ⟯

Q ⟮ Venezuela ⟯

P ⟮ ⟯

O ⟮ Brasil ⟯

N ⟮ ⟯

M ⟮ Urguay ⟯

L ⟮ ⟯

全部書きいれたら、書いた国名が正しいかどうか互いにチェックしよう。テキストp.87も参考にしよう。Después de escribir todos los nombres de los países, revísalos con tu compañero o consulta la p.87 del texto.

4

Lección 1

Vocabulario p.7

A. 主語代名詞 主語になる語を書き入れよう。 Pronombres personales de sujeto.

nosotras

B. 職業 職業を覚えたら、書いて確認しよう。 Profesiones.

Practicamos

A. 3. p.8

A : ¿Cómo está María? (muy bien)   B : Está _____ .

    ¿Cómo está Juan? (mal)   _____ _____ .

    ¿Cómo está Laura? (regular)   _____ _____ .

    ¿Cómo están Ana y José? (bien)   _____ _____ .

    ¿Cómo está Miguel? (cansado)   _____ _____ .

    ¿Cómo está Manuela? (cansada)   _____ _____ .

A. 1. p.10

A : ¿Qué es él? (empleado)   B : Es _____ .

¿Qué es ella? (secretario)   _____ _____ .

¿Qué es él? (profesor)   _____ _____ .

¿Qué son ellos? (médico)   _____ _____ .

¿Qué es ella? (empleado)   _____ _____ .

¿Qué _____ ella? (profesor)   _____ _____ .

¿Qué _____ ellos? (funcionario)   _____ _____ .

¿Qué _____ ellos? (estudiante)   _____ _____ .

¿Qué _____ _____? (enfermero)   _____ _____ .

¿Qué _____ _____? (profesor)   _____ _____ .

B. 3. p.10

A : ¿De dónde es él? (Múnich)

B : Es _____, de Múnich.

A : ¿De dónde es ella? (Nueva York)

B : Es _____, de _____ .

A : ¿De dónde son ellos? (Madrid)

B : Son _____, de _____ .

A : ¿De dónde son ellas? (Río de Janeiro)

B : Son _____, _____ .

A : ¿De dónde es ella? (París)

B : Es _____, _____ .

A : ¿De dónde _____ él? (Londres)

B : _____, _____ .

A : ¿De dónde _____ ellos? (Pekín)

B : _____, _____ .

A : ¿_____ ellos? (Buenos Aires)

B : _____, _____ .

A. 1. 会話の流れに合わせ、Bを書き入れよう。

A： ¡Hola! ¿Cómo estás?

B： _____ . ¿_____?

A： Bien. Soy Miguel.

B： _____ .

A： ¿De dónde eres?

B： _ _____ , de _____ .

A： ¿Qué eres?

B： _____ .

A： Yo también soy estudiante. Soy español de Madrid.

B： _____ .

A： Encantado. Adiós.

B： _____ .

Más vocabulario　語彙を増やそう！

ウェイター、ウェイトレス	camarero	camarera	camareros	camareras
調理師	cocinero			
理髪師、美容師	peluquero			
政治家	político			
弁護士	abogado			
(公認)会計士	contador (público)			
画家	pintor			
サッカー選手	futbolista	futbolista		
新聞記者	periodista			
警察官	policía			
歌手	cantante			
俳優	actor	actriz	actores	actrices
店員	dependiente	dependienta		
主婦*	*主婦は、職業ではなく身分	ama de casa		

Lección 2

Vocabulario p.13

C. 冠詞 次の言葉を下の４つに分類しよう。Artículos.

*単複同形

clase escuela profesoras helado exámenes supermercado paraguas*
oficinas inglesas tren funcionarios autobuses sillas universidad
mexicanos amigos estación casa flores
japonés hospitales periódicos revistas carta comedor amiga
familia brasileñas restaurante perro lápiz televisiones
francesa

un / el	una / la
japonés	

unos / los	unas / las

Practicamos

A. 2. p.14

escribir un e-mail	Yo
	Ella
	Vosotros
	Tú
tomar el tren	Él
	Tú
	Nosotros
	Ellos
aprender español	Usted
	Tú
	Ellas
	Yo
ver la televisión	Yo
	Él
	Nosotros
	Tú

B. 3. p. 15

(comercio, economía)

● ¿Estudias comercio?

○ Sí, _____ ___. Y tú, ¿_____ economía?

● No, _____ _____.

(un libro, un periódico)

● ¿Lees _____?

○ Sí, _____. Y tú, ¿_____ _____?

● No, _____ _____.

(el tren, el autobús)

● ¿Tomas _____?

○ Sí, _____. Y tú, ¿_____ _____?

● No, _____ _____.

(un e-mail, una carta)

● ¿Escribes _____?

○ Sí, _____. Y tú, ¿_____ _____?

● No, _____ _____.

C. 4. p. 15

● ¿Habla Mari español en la clase?

○ Sí, _____ en _____.

● ¿Habla con un amigo? (una amiga)

○ No, _____ con _____.

● ¿Trabaja Andrés _____ _____? (un supermercado)

○ Sí, _____ _____ _____.

● ¿Trabaja solo? (unos amigos)

○ No, _____ _____.

● ¿Come Mari _____ _____? (un restaurante)

○ Sí, _____ _____ _____.

● ¿Come con sus amigos? (su familia)

○ No, _____ _____.

● ¿_____ Juan _____ _____? (aprender inglés, la universidad)

○ Sí, _____ _____ _____.

● ¿____ _____ _____? (un profesor)

○ No, _____ _____ _____ _____ . (una profesora)

D. 5. p.15

● ¿Escribe Mari un e-mail a su amigo? (su profesor)

○ No, _____ a _____ .

● ¿Ves a un amigo? (Mari)

○ No, _____ _____ _____ .

● ¿_____ Mari _____ _____ _____? (leer un libro, un niño)

○ No, _____ un libro _____ _____ . (una niña)

Avanzamos

A. 1. p.16

● ¿Qué estudia Juan? (inglés)

○ _____ _____ .

● ¿Dónde estudia? (la clase)

○ _____ en _____ .

● ¿_____ toman ellas? (café)

○ _____ _____ .

● ¿_____ toman? (el comedor)

○ _____ _____ _____ .

● ¿Qué lee Mari? (una revista)

○ _____ _____ .

● ¿Dónde lee? (la biblioteca)

○ _____ en _____ .

● ¿_____ _____ ella? (ver la televisión)

○ _____ _____ .

● ¿_____ _____? (casa)

○ _____ _____ _____ .

B. 2. p.16

● ¿Dónde estudias? (la biblioteca)

○ _____ en _____ .

● ¿Con quién estudias? (solo)

○ _____ _____ .

● ¿_____ come Juan? (un restaurante)

○ _____ en _____ .

● ¿_____ _____ come? (Laura)

○ _____ con _____ .

● ¿Dónde aprenden ellos inglés? (la escuela)

○ _____ en _____ .

● ¿Con quién aprenden? (una profesora)

○ _____ con _____ .

● ¿_____ trabaja la enfermera?

(un hospital)

○ _____ en _____ .

● ¿_____ _____ trabaja?

(unos médicos y unas enfermeras)

○ _____ con _____ .

B. 3. p.16　イラストを見ながら答えよう。

● ¿Qué toma Andrés?
○ _____ .

● ¿Dónde _____ ?
○ _____ .

● ¿Con quién _____ ?
○ _____ .

● ¿Qué escriben ellos?
○ _____ .

● ¿Dónde _____ ?
○ _____ .

● ¿A quién _____ ?
○ _____ .

● ¿A quién ve Mari?
○ _____ .

● ¿Dónde _____ ?
○ _____ .

● ¿Con quién _____ ?
○ _____ .

● ¿Qué aprende Mari?
○ _____ .

● ¿Dónde _____ ?
○ _____ .

● ¿Con quién _____ ?
○ _____ .

Conversamos　p.17

A. テキストの会話を覚えたら、テキストを見ないでＡの質問に答えるようにＢに書き入れよう。

A : ¿Hablas español?　　　　　　　　　　　　　　　　　　ええ、少し。

B : _____ . _____ . 大学で勉強しているんだ。

A : ¿Qué estudias en la universidad?

B : _____ .

A : ¿Trabajas?

B : _____ .

A : Yo también trabajo. Pero en un supermercado.
　　¿Dónde vives?

B : _____ .

A : ¿Vives con tu familia?

B: _____ . 一人で住んでいるよ。

A : Yo vivo con mi familia en Yokohama.
　　Todos los días como en casa. ¿Y tú?

B : _____ . _____ . 僕は違うよ。食堂で友人たちと食事するんだ。

A : Adiós.

B : _____ .

11

次に、Bの返事につながるように、Aの質問などを書き入れよう。

A : _____

B : Sí, un poco. Estudio en la universidad.

A : _____

B : Estudio Comercio.

A : _____

B : Sí, trabajo en un restaurante en Tachikawa.

A : Yo también trabajo. Pero en un supermercado.

　　_____

B : Vivo en Tachikawa.

A : _____

B : No, vivo solo.

A : Yo vivo con mi familia en Yokohama.

　　Todos los días como en casa. ¿Y tú?

B : Yo no. Como con mis amigos en el comedor.

A : _____.

B : Hasta mañana.

Más vocabulario 語彙を増やそう!

AR動詞

手伝う	ayudar		聞く	escuchar

Yo ayudo a mi madre.　　　　　　　　Ellos escuchan música.

買う	comprar		入る	entrar

Entramos en la clase.

朝食をとる	desayunar			
夕食をとる	cenar		待つ	esperar

Espero a una amiga en la clase.

教える	enseñar			

Ella enseña inglés en una escuela.　使う　usar

ER動詞

飲む	beber		売る	vender

Beben cerveza.　× Beben café.　　走る　correr

IR動詞

開ける、開く	abrir		受け取る	recibir
出席する	asistir			

Ella recibe e-mails todos los días.

Asistimos a la clase de español.

Lección 3

Vocabulario p. 19

反対または、対の意味になる言葉を組み合わせよう。Relaciones.

bajo padres alemán esposa delgada hijos
madre menor serio padre corto alegre mayor
largo grande gorda soltera pequeño alemana chinos
casada esposo chinas alto

alto	-	bajo		-			-	
	-			-			-	
	-			-			-	
	-			-			-	

Practicamos

A. 3. p. 20

(Mari, tíos)

A: ¿Tiene tíos Mari?   **B:** Sí, _____ un _____ y una _____.

(Mari, abuelos)

A: ¿Tiene _____ Mari?   **B:** Sí, _____ un _____ y una _____.

(el hermano mayor de Mari, esposa)

A: ¿Tiene _____ el hermano mayor de Mari?   **B:** Sí, tiene.

(el hermano mayor de Mari, hijos)

A: ¿_____ _____ _____? **B:** No, no tiene.

(el padre de Mari, hermanos)

A: ¿_____?

          B: Sí, _____ un _____ y una _____.

C. 7. p. 21

A: ¿A dónde va tu hermano mayor?(la universidad)   **B:** _____ a _____.

¿__ _____ _____ tus padres? (Kioto)   _____ a _____.

¿__ _____ _____ tu hermana menor? (la escuela)   _____ ___ _____.

¿__ _____ _____ tu madre? (el supermercado)   _____ al _____.

¿__ _____ _____ tú? (la biblioteca)   _____ ___ _____.

A. 1. p.22

A: ¿Cómo es él? (serio, delgado, los ojos pequeños)

B: Es _____. Es _____, y tiene _____ _____.

A: ¿Cómo es ella? (alegre, gordo, los ojos grandes)

B: Es _____. Es _____, y tiene _____ _____.

A: ¿Cómo es ella? (inteligente, el pelo largo, casado)

B: _____ _____, y _____ _____ _____ _____. _____ _____.

A: ¿_____ es él? (simpático, alto, gordo, el pelo corto)

B: _____ _____. _____ _____ y _____, y _____ _____ _____.

A: ¿_____ _____ _____? (joven, inteligente, los ojos grandes)   joven: 若い

B: _____ _____. _____ _____, y _____ _____ _____.

A: ¿_____ _____ _____? (mayor, gordo, bajo)   mayor: 年長の

B: _____ _____. _____ _____ y _____.

B. 3. p.22

● ¿Quién es más alto, Mari o su hermano menor?

○ Su hermano menor es _____ alto _____ Mari. (alto: Hermano＞Mari)

　Él es _____ alegre _____ Mari. (alegre: Mari＝Hermano)

● ¿Quién _____ _____ _____, Juan o su hermano mayor? (delgado)

○ Juan es _____ _____ _____ su hermano mayor. (Juan＞Hermano)

　Juan es _____ _____ _____ él. (alto: Juan＝Hermano)

● ¿_____ tiene el pelo _____ _____, Mari o su hermana menor? (largo)

○ Su hermana menor tiene el pelo _____ _____ _____ Mari. (Hermana＞Mari)

　Ella _____ _____ _____ _____ Mari. (baja:Hermana＞Mari)

● ¿_____ _____ _____, el padre de Mari ____ el padre de Juan? (mayor)

○ El padre de Juan _____ _____ _____ el padre de Mari. (P de Juan＞P de Mari)

　El padre de Mari _____ _____ _____ _____ el padre de Juan.

（gordo: P de Mari＞P de Juan）

C. 4. p.22

● ¿Quién es el más bajo de tu familia?

○ _____ es/soy el/la más _____ _____ _____ .

● ¿Quién es el más delgado de tu familia?

○ _____ _____ .

● ¿Quién es el más inteligente de tu familia?

○ _____ .

● ¿Quién es el menor de tu familia?

○ _____ .

● ¿Quién es el más alto de la clase?

○ _____ .

● ¿Quién es el más simpático de la clase?

○ _____ .

● ¿Quién es el más alegre de la clase?

○ _____ .

● ¿Quién es el mayor de la clase?

○ _____ ___ ___ ___ .

Conversamos p.23

A. 1. テキストの会話を覚え、テキストを見ないでＢの質問に答えるように書いてみよう。

A： Esta es la foto de mi familia.

B： ¿Cuántos hermanos tienes?

A： _____ .

B： ¿Cuántos años tiene tu hermano?

A： _____ .

B： ¿Cómo es él? ¿Es inteligente?

A： Sí, claro. _____ .

_____ .

B： .... Bueno, ¿qué hace, está soltero?

A： Sí, _____ . _____ .

¿Y tú, tienes una foto de tu familia?

B： Sí, tengo.

A： Ahora _____ .

次に、Bの返事につながるように、Aの質問などを書き入れよう。

A： Esta es la foto de mi familia.

B： ¿_____ _____ _____?

A： Tengo un hermano mayor y una hermana menor.

B： ¿_____ _____ _____?

A： Tiene veintiséis años.

B： ¿_____? ¿_____?

A： Sí, claro. Mi hermano es tan inteligente como yo.

Es alto, tiene los ojos grandes y........

B： .... Bueno, ¿_____, _____?

A： Sí, está soltero. Trabaja en una compañía.

¿Y tú, _____?

B： Sí, tengo.

A： Ahora vamos a hablar de tu familia.

| Más vocabulario | 語彙を増やそう!

人物等

(外見)		ser		(人柄等)		ser	
ハンサムな、美人の		ser	guapo	親切な、やさしい		ser	amable
美しい			hermoso	愛情深い			cariñoso
醜い			feo	働き者の			trabajador
若い			joven	怠け者			perezoso
年長の			mayor	静かな			tranquilo
年を取った			viejo, anciano	恥ずかしがり屋の			tímido
褐色の (髪が黒い)			moreno	厳しい			estricto
金髪の			rubio	けちな			tacaño
金持ちの			rico				
貧しい			pobre				
口髭のある	tener	bigote				
あごひげのある		barba				

その他

幸せな	feliz	Es una familia felíz.
伝統的な	tradicional	Es una familia tradicional.
興味深い	interesante	Es un libro interesante.
難しい	difícil	Es un libro difícil.
易しい	fácil	Es un libro fácil.

Lección 4

Vocabulario p.25

¿Dónde están?

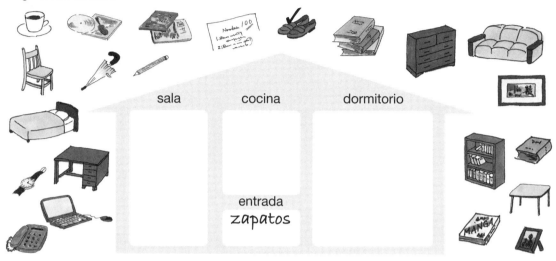

sala   cocina   dormitorio

entrada
zapatos

*ここにあるモノ以外にも探し出して、書き入れてみよう。

Practicamos

A. 2. p.26   *数字は文字で書こう。 Escribe con letra los números.

A: ¿Hay una silla en tu habitación? (silla, 1)   **B:** Sí, hay _____*. / No, no hay.

A: ¿Hay _____ en tu habitación? (escritorio, 1) **B:** Sí, hay _____*. / No, no hay.

A: ¿Hay _____ en tu habitación? (armario, 2)   **B:** Sí, hay _____*. / No, _____.

A: ¿Hay _____ en tu habitación? (cama, 2)   **B:** Sí, hay _____*. / No, _____.

B. 4. p.26   *数字は文字で書こう。 Escribe con letra los números.

● ¿Cuántas _____ hay en _____? (silla, cocina, 4)

○ Hay _____* sillas.

● ¿Cuántos _____ hay en _____? (ordenador, escritorio, 1)

○ Hay _____* ordenador.

● ¿_____ _____ hay ____ _____? (cama, dormitorio, 2)

○ Hay _____* _____.

● ¿_____ _____ hay ____ _____? (cuadro, sala, 2)

○ Hay _____* _____.

● ¿_____ _____ hay ____ ____ _____? (libro, estantería, muchos)

○ Hay _____ _____.

C. 7. p.27

● ¿Dónde está el gato? (puerta)

○ Está _____ _____ _____ .

● ¿Dónde está el gato? (televisión)

○ Está _____ _____ .

● ¿Dónde está el gato? (mesa)

○ Está _____ _____ .

● ¿Dónde está _____? (libro, cama)

○ Está _____ _____ .

● ¿Dónde está _____? (estantería, armario)

○ Está _____ _____ .

● ¿Dónde _____ _____? (baño)

○ Está _____ .

● ¿_____ _____ _____? (sofá, ventana, puerta)

○ Está _____ _____ y _____ .

● ¿_____ _____ _____? (tienda de conveniencia, estación)

○ _____ _____ _____ .

D. 8. p.27　形容詞の語尾変化に注意しよう。

● ¿Cómo es la sala? (grande, ordenado)

○ Es _____ y está _____ .

● ¿Cómo es la ventana? (pequeño, cerrado)

○ Es _____ y está _____ .

● ¿Cómo es la chica? (guapo, alegre)

○ _____ _____ y _____ _____ .

● ¿Cómo es el coche? (nuevo, sucio)

○ _____ _____ pero _____ _____ .

● ¿Cómo es la tienda de conveniencia? (nuevo, abierto)

○ _____ _____ y _____ _____ .

● ¿Cómo es el chico? (alegre, cansado)

○ _____ _____ pero _____ _____ .

Avanzamos

A. 1. (el comedor) p.28

A:　¿Cómo es el comedor? (pequeño, limpio)

B:　Es una sala-comedor. _____ _____ y siempre _____ _____ .

18

A: ¿Cuántas sillas hay? (5)

B: _____ _____.

A: ¿Dónde está la mesa? (ventana)

B: _____ _____ _____.

A: ¿Qué hay en el comedor? (armario)

B: _____ _____.

A: ¿Hay una televisión?

B: No, _____ _____. La televisión está _____ la sala.

B. p.28

A: ¿Dónde está la biblioteca? （1号館の隣に）

B: Está cerca, _____ Edificio 1.   *de + el → del

A: ¿Dónde está el gimnasio? （食堂の左に）

B: Está _____ comedor.

A: ¿Dónde está la sala de ordenadores? （3号館に、3階に）

B: Está _____, _____.

A: ¿Dónde está la residencia de estudiantes?

B: Está un poco lejos, _____ _____ del minisuper. （後ろに）

Conversamos p.29

A. 1. テキストの会話を覚え、テキストを見ないで質問に答えるように書いてみよう。

A : ¿Dónde vives?

B : _____. ¿Y tú?

A : _____.

B : ¿Cómo es tu habitación?

A : _____.

B : ¿Qué hay en tu habitación?

A : Hay _____.

B : ¿Tienes muchos libros?

A : Sí, están _____.

B : Es una habitación muy cómoda, ¿verdad?

A : Sí, estoy muy cómodo/a en mi habitación.

次に、返事につながるように、質問などを書き入れよう。

A : _____

B : Vivo en Hachioji, cerca de la estación. ¿Y tú?

A : Vivo solo en un apartamento cerca de la universidad.

B : _____

A : Es moderna, y está muy limpia.

B : _____ .

A : Hay de todo, una cocina pequeña, un baño, un armario y una ventana grande.

B : _____

A : Sí, están en la estantería al lado de la mesa.

B : Es una habitación muy cómoda, ¿verdad?

A : Sí, _____ .

Más vocabulario   語彙を増やそう！

住居　Vivienda

階段	escalera	壁	pared
廊下	pasillo	天井	techo
庭	jardín	屋上	azotea
ガレージ	garaje	エレベーター	ascensor
トイレ	servicio (トイレだけ、大きな施設ではトイレはいくつもあるので、servicios)		
	aseo（トイレだけ）		

家具や家電製品　Muebles y electrodomésticos

鏡	espejo	エアコン	aire acondicionado
引き出し	cajón	プリンター	impresora
肘掛椅子	sillón	冷蔵庫	nevera
電灯、明かり	lámpara, luz	電子レンジ	microondas
暖房機	calefacción	洗濯機	lavadora

机の上　En el escritorio

携帯	(teléfono)móvil, celular	ふでばこ	estuche
ボールペン	bolígrafo	紙片	hoja
ファイル	carpeta	鍵	llave
ノート	cuaderno	メガネ	gafas
消しゴム	goma	手帳	agenda

Lección 5

Vocabulario p.31

Me gusta más......　好きなものから順番に書いてみよう。

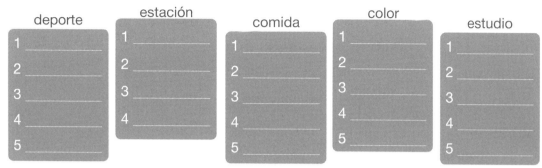

deporte

1 _____
2 _____
3 _____
4 _____
5 _____

estación

1 _____
2 _____
3 _____
4 _____

comida

1 _____
2 _____
3 _____
4 _____
5 _____

color

1 _____
2 _____
3 _____
4 _____
5 _____

estudio

1 _____
2 _____
3 _____
4 _____
5 _____

actividades que hago　すること

1 _____　　2 _____　　3 _____　　4 _____

Practicamos

A. 2. p.32

A: ¿Te gusta _____? (esquiar)　　**B:** Sí, _____ _____ _____.

No, _____. _____ _____ _____.

A: ¿Te _____ _____? (el verano)　　**B:** Sí, _____ _____ _____.

No, _____ _____ _____.

A: ¿___ _____ _____? (las verduras)　**B:** Sí, _____ _____ _____.

No, _____ _____ _____ _____.

B. 3. p.32

● ¿Qué deporte te gusta más? (tenis)　　● ¿Qué _____ te gusta más? (otoño)

○ Me gusta más _____.　　　○ ____ _____ más _____.

● ¿Qué _____ te gusta _____? (carne)　● ¿_____ _____ te gusta _____? (azul)

○ ____ _____ _____ _____.　　○ ____ _____ _____ _____.

C. 5. p.33

(jugar al tenis, leer libros)

● ☺ Me gusta jugar al tenis. ¿Y a tí?

○ ☺ A mí _____. Pero no me gusta leer libros. ☒

● ☒ A mí _____.

(ver partidos de fútbol, escuchar música)

- ⊗ No me gusta ver partidos de fútbol. ¿Y a tí?
- ☺ A mí _____. Y me gusta escuchar música. ☺
- ⊗ A mí _____.

(limpiar la habitación, cocinar)

- ⊗ No me gusta _____. ¿Y a tí?
- ⊗ _____. Pero me gusta _____. ☺
- ☺ _____.

(ir de compras, hacer deporte)

- ☺ Me gusta _____. ¿_____?
- ⊗ _____. Y _____. ⊗
- ☺ _____.

Avanzamos

A.1. p.34

A: ¿Qué tiempo hace hoy? (sol, buen tiempo)

B: Hace _____ y _____.

A: ¿Qué tiempo hace hoy? (nublado, viento)

B: _____ _____ y _____ _____.

A: ¿Qué tiempo _____ hoy? (sol, calor)

B: _____ _____ y _____.

A: ¿_____ hoy? (frío, viento, llover)

B: _____ _____. Hace mucho _____ y _____.

A: ¿_____ hoy? (nublado, llover)

B: _____ _____ y _____ un poco.

A: ¿_____ hoy? (frío, nevar)

B: _____ mucho _____ y _____ mucho.

A. 2. p. 34

Estamos en verano. (llover, calor)

En junio _____ casi todos los días y en el sur _ _____ más.　　　casi: ほとんど

Pero en julio _____ sol y mucho _____.

Estamos en invierno. (frío, nevar, viento, mucho, un poco, más, nada)

Hace _____ en todo Japón. En el norte _____.

Pero en Tokio _____ y _____.

En Okinawa no _____.

B. 3. p. 34

Mari _____. (cansado)

Miguel_____. (sueño)

Ellos _____, _____. (mal, resfriado)

Ellos _____. (sed)

El padre de Mari _____. (calor)

Nosotros _____. (hambre)

Laura _____ y _____. (resfriado, fiebre)

Mari y Juan _____. (miedo)

Conversamos　p. 35

A. 1. テキストの会話を覚えたら、テキストを見ないで質問に答えるように書いてみよう。

A : Hoy hace calor, ¿verdad?

B : Sí, _____, y _____ sed.

A : Yo también tengo mucha sed y mucha hambre. ¿No tienes hambre?

B : Sí, _____. _____.

A : Sí. ¿Te gusta la carne o el pescado?

B : _____. ¿Y a ti?

A : A mí también.

B : ¿Comemos en el comedor de la universidad?

A : _____... Comemos en mi apartamento. ¿Te gusta cocinar?

B : _____.

A : No te preocupes. Yo cocino.

B : Gracias. Entonces _____, luego _____.

23

次に、返事につながるように、質問などを書き入れよう。

A： _____ , ¿verdad?

B： Sí, hace mucho calor, y tengo sed.

A： Yo también _____ y _____. ¿_____?

B： Sí, tengo hambre. Vamos a comer.

A： Sí. _____

B： A mí me gusta la carne. ¿Y a ti?

A： _____.

B： ¿_____?

A： No, no es rica la carne allí... Comemos en mi apartamento. ¿_____?

B： A mí no me gusta cocinar.

A： _____. _____.

B： Gracias. Entonces vamos al supermercado, luego a tu apartamento.

| Más vocabulario | 語彙を増やそう!

食べ物　Comida

卵	huevo	カレー	curry
ハム	jamóm	ハンバーガー	hamburguesa
パスタ	pasta	ピザ	pizza
鶏肉	pollo	ケーキ	pastel
チーズ	queso	チョコレート	chocolate

飲み物　Bebidas

ビール	cerveza
ワイン	vino
ミルク	leche
カフェオレ	café con leche
お茶	té

果物　Frutas

リンゴ	manzana
イチゴ	fresa
オレンジ	naranja
バナナ	plátano
パイナップル	piña

娯楽・文化　Entretenimiento y cultura

まんが	manga	音楽	クラシック/ポップス/ロック
小説	novela		música clásica/ pop/ rock
演劇	teatro	フラメンコ	flamenco
歌	canción	アニメ	dibujos animados

Lección 6

Vocabulario p.37

¿Dónde están los verbos？ 動詞を探そう。太文字をヒントにタテ、ヨコ、ななめに。

cerrar

_____ _____ _____

_____ _____ _____

_____ _____ _____

_____ _____ _____

_____ _____ _____

_____ _____ _____

_____ _____ _____

c	e	p	o	s	r	a	n	i	c	o	c	a	r
a	r	**e**	c	a	**h**	e	r	a	m	r	o	p	a
c	a	t	s	**p**	r	e	f	e	r	i	r	d	o
o	o	n	a	c	**j**	a	t	a	b	t	r	e	r
m	e	e	t	**q**	u	e	r	e	r	e	n	r	a
p	o	d	e	r	g	c	e	**v**	n	p	c	**e**	t
r	p	n	d	r	a	r	h	i	r	e	n	s	a
a	m	i	t	e	r	o	a	a	l	**r**	r	c	e
r	**c**	**e**	**r**	**r**	**a**	**r**	i	j	r	e	s	r	n
e	n	i	v	i	e	p	h	a	a	l	a	i	e
r	s	u	**c**	o	m	e	r	r	c	b	r	b	a
i	e	r	e	i	e	r	**l**	e	e	b	a	i	d
r	e	v	**l**	o	**v**	e	o	r	a	t	e	r	n
o	l	**e**	e	n	t	e	n	**d**	e	r	c	o	t

(pは2つの動詞になります)

Practicamos

A. 2. p.38

pensar

A: ¿A dónde piensa viajar él?

B: _____ viajar a Hokkaido.

A: ¿A dónde _____ tú?

B: _____ a España.

A: ¿___ dónde _____ vosotros?

B: _____ a México.

A: ¿_____ ellas?

B: _____ Hokkaido.

pedir

A: ¿Qué _____ usted?

B: _____ una paella.

A: ¿Qué _____ ella?

B: _____ una ensalada.

A: ¿_____ ellos?

B: _____ dos cafés y un halado.

costar

A: ¿Cuánto cuesta el bolso?

B: _____ 200 euros.

A: ¿Cuánto _____ el paraguas?

B: _____ 3.000 yenes.

A: ¿_____ el sombrero?

B: _____ 4.500 yenes.

A: ¿_____ la camisa?

B: _____ 40 euros.

A: ¿_____ los zapatos?

B: _____ 8.000 yenes.

jugar

A: ¿A qué _____ tú?

B: _____ al fútbol.

A: ¿A qué _____ ellos?

B: _____ al tenis.

A: ¿____ qué_____ vosotros?

B: _____ _____ béisbol.

A: ¿_____ vosotros?   **A:** ¿_____ él?

B: _____ un pincho de tortilla.   **B:** _____ baloncesto.

C. 3. p.39

(dormir bien)   (entender el libro de economía)

● ¿Puedes _____?   ● ¿Puedes _____?

○ Sí, _____.   ○ No, _____.

(trabajar todos los días)   (él / jugar al golf)

● ¿_____?   ● ¿_____ él _____?

○ _____.   ○ _____.

(él / hacer paella)

● ¿_____?

○ _____.

D. 4. p.39

● ¿Qué quieres hacer en las vacaciones?

1) (trabajar mucho / comprar una moto)

○ _____, porque _____.

2) (leer libros de Latinoamérica / viajar allí)

○ _____, porque _____.

3) (jugar mucho al fútbol / jugar bien)

○ _____, porque _____.

4) (escribir un e-mail en español / tener amigos españoles)

○ _____.

5) (volver a mi ciudad / ver a mis amigos)

○ _____.

E. 6. p.39

1) (un sombrero / viajar a Okinawa)

● Quiero _____.   ○ ¿Por qué?

● Porque voy a _____.

2) (ir de compras / comprar unos pantalones)

● Quiero _____.   ○ ¿Por qué?

● Porque voy a _____.

3) (comprar arroz / hacer paella)

● Quiero _____ _____. ○ ¿Por qué?

● Porque voy a _____ _____.

4) (aprender inglés / estudiar en Nueva York)

● _____ _____. ○ ¿Por qué?

● Porque _____.

5) (volver a casa / ver el partido de fútbol)

● _____. ○ ¿Por qué?

● Porque _____.

Avanzamos

A. 1. p. 40

● ¿Quieres _____ conmigo? (jugar al tenis)

○ Sí, _____.

● ¿Quieres _____ conmigo? (tomar café)

○ Lo siento, _____.

● ¿_____ conmigo? (ir al cine)

○ Sí, _____. / Lo siento, no puedo.

● ¿_____ _____? (ir de compras)

○ _____. / _____, no puedo.

● ¿_____? (ir a un concierto)

○ _____. / _____.

B. 2. p. 40

● ¿Puedes _____, por favor? (cerrar la puerta)

○ Sí, _____.

● ¿Puedes _____, por favor? (abrir la ventana)

○ Lo siento, _____.

● ¿_____, por favor? (limpiar la mesa)

○ Sí, _____.

● ¿Puedes _____, _____? (pedir un helado)

○ _____.

C. 3. p. 40

● ¿Puedo _____? (abrir la ventana)

○ Sí, _____.

● ¿Puedo _____? (cerrar la puerta)

○ No, _____.

● ¿_____? (ir al servicio)

○ Sí, _____.

● ¿_____? (comer aquí)

○ _____.

● ¿_____? (leer la revista)

○ _____. / _____.

Conversamos p. 41

A. 1. テキストの会話を覚え、テキストを見ないで話がつながるようにBのパートを書いてみよう。

A : Quiero comprar una mochila. ¿Puedes ir conmigo?

B : Sí, _____. _____

A : Prefiero ir a Shinjuku.

B : Sí, _____.

(En una tienda)

A : Me gusta esta mochila.

B : _____.

A : ¿Puedo ver esa, por favor?

Dependiente: _____

B : _____

Dependiente: Cuesta 8.000 yenes.

A : Es un poco cara, ¿verdad?

B : _____, ¿No?

A : Sí, es muy bonita. Voy a comprar esta mochila.

B : _____. _____. _____

A : Sí, vamos.

次に、リュックを買うAのパートを書き入れよう。

A : _____. _____

B : Sí, cómo no. ¿Dónde quieres comprar la mochila?

A : _____.

B : Sí, está bien.

(En una tienda)

A : _____.

B : A mí también me gusta.

A : _____.

Dependiente: Sí, ¡cómo no!

B : ¿Cuánto cuesta?

Dependiente: Cuesta 8,000 yenes.

A : _____.

B : Sí, pero te gusta, ¿no?

A : _____. _____.

B : Muy bien. Ya tengo hambre. ¿Vamos a comer juntos/as?

A : _____.

Más vocabulario 語彙を増やそう！

語根母音変化動詞（-AR動詞/-ER動詞）

e → ie		o → ue	
雪が降る	nevar	見つける	encontrar
始まる・始める	empezar	思い出す・覚えている	recordar
始まる・始める	comenzar	数える・語る	contar
失う	perder	雨が降る	llover
点灯・点火する	encender	動かす	mover

語根母音変化動詞（-IR動詞）

e → ie		o → ue		e → i	
感じる	sentir	死ぬ	morir	（料理等を）出す・役に立つ	servir
嘘をつく	mentir			続ける・続く	seguir

Lección 7

Vocabulario p. 43

¿Cuándo lo haces?

 por la mañana

 por la tarde

 por la noche

acostarme

~~acostarse~~ desayunar   ver la televisión   cenar   vestirse   estudiar español
lavarse la cara   ponerse los pantalones   salir de casa   leer manga   bañarse
afeitarse/maquillarse   volver a casa   ducharse   tomar café   ir de compras

Practicamos

A. 2. p. 44

levantarse

Yo _____.

Ella _____.

Vosotros _____.

Tú _____.

lavarse las manos

Ellos _____ las manos.

Yo _____ las manos.

Usted _____.

Tú _____.

ducharse

Usted _____.

Ellas _____.

Tú _____.

Yo _____.

afeitarse / maquillarse

Yo _____.

Él _____.

Nosotras _____.

Tú _____.

dormirse / acostarse

Ellos _____. / Ellos _____.

Nosotros _____. / Nosotros _____.

Tú _____. / Tú _____.

Yo _____. / Yo _____.

B. 3. p. 44

¿Qué hora es?

2.15 Son _____ y _____.   4.00 _____.

5.30 Son _____ y _____.   1.20 _____.

8.00 Son _____.   11.30 _____.

9.45 Son _____ menos _____.   7.10 _____.

12.50 Es _____ menos _____.   10.40 _____.

C. 4. p. 45

- ¿A qué hora _____ (tú) todos los días? (levantarse, 7.00)
- Normalmente (yo) _____ a las _____ ____.

- ¿A qué hora _____ todos los días? (desayunar, 8.15)
- Normalmente _____ a las _____.

- ¿_____ todos los días? (salir de casa, 8.45)
- _____ a las _____.

- ¿_____ todos los días? (volver a casa, 6.30)
- _____ a las _____.

- ¿_____? (cenar, 8.00)
- _____.

- ¿_____? (acostarse, 11.30)
- ¿_____.

D. 6. p. 45

- ¿Te gusta _____ por la mañana? (ducharse, por la noche)
- No, me gusta _____ por la _____.

- ¿Te gusta _____ corbata / _____? (ponerse/maquillarse)
- No, no me guta _____ / _____.

- ¿_____ temprano? (acostarse, tarde)
- No, _____ tarde.

- ¿_____? (ponerse yukata)
- _____, _____.

Avanzamos

A. 1. p. 46

- ¿Aprendes español todos los días?
- No, aprendo _____ veces a la semana.

- ¿Trabajas todos los días?
- No, trabajo _____ veces / días a la semana.

- ¿Limpias la habitación todos los días?
- _____, limpio _____ veces / vez _____.

- ¿Te bañas todos los días?

○ _____ , _____ _____ .

- ¿Te afeitas / te maquillas todos los días?

○ _____ , _____ .

B. 2. p. 46

- ¿Qué días _____ a la universidad? (venir, desde los lunes hasta viernes)   '

○ _____ a la universidad desde _____ hasta _____ .

- ¿Qué días _____ tarde? (levantarse, sábados y domingos)

○ _____ tarde los _____ y los _____ .

- ¿_____ _____? (volver a casa temprano, lunes y miércoles)

○ _____ .

- ¿_____ _____? (salir con tus amigos, ?)

○ _____ .

- ¿_____ _____? (ir al supermercado, ?)

○ _____ .

C. 3. p. 46

- ¿Siempre llegas a la clase _____? (temprano, tarde)

○ Normalmente llego _____ , pero a veces llego _____ .

- ¿Siempre desayunas _____? (en casa, no desayunar)

○ _____ desayuno _____ , pero a veces _____ .

- ¿_____ cenas _____? (solo / sola, con mi familia)

○ _____ ceno _____ , pero _____ ceno _____ .

- ¿_____ _____ a la universidad _____? (venir en tren, en coche)

○ _____ _____ _____ , nunca _____ _____ .

- ¿_____? (bañarse por la noche, por la mañana)

○ _____ , _____ .

- ¿_____? (ponerse falda / pantalones, vaqueros)

○ _____ , _____ .

A. 1. テキストの会話をよく読んで、日本語を参考に書いてみよう。

A: ¿Qué haces todos los días?

B: _____ .
　　たいてい7時に起きて、9時に大学へ来るよ。

　　_____ . ¿Y tú?
　　水曜日は授業がなくて、一日中働いているよ。

A: _____ .
　　私は金曜日まで毎日授業があるわ。

　　También soy miembro del club de tenis.

B: ¿Qué días practicas tenis?

A: _____ .
　　月曜日、水曜日、金曜日に練習するのよ。

B: ¿Qué haces los fines de semana?

A: _____ .
　　少しゆっくり起きて、家族と朝食を取るの。

　　Luego, _____ .
　　　　　　友だちと出かけたり、ときどき家族と一緒に買い物に行くわ。

B: ¿A dónde vas con tus compañeros?

A: Normalmente vamos a Shibuya o a Shinjuku, y vemos una película.

　　¿Y tú? ¿_____ ?
　　　　　　週末には何をするの。

B: _____ .
　　ぼくはとても遅く起きるんだ、だってインターネットを見るのが好きで、一晩中見ているよ。

　　_____ . その後で早く起きられないよ。

A: ¡Qué buena vida! Vivir solo es vivir con libertad, ¿verdad?

B: Sí.... _____ . でもいつも全然お金がないんだよ。

Más vocabulario 語彙を増やそう！

再帰動詞　Verbos reflexivos.

〜という名前である	llamarse	座る	sentarse
目覚める	despertarse	病気になる	enfermarse
（鏡を）見る	mirarse en el espejo	回復する	mejorarse
（自分の髪を）乾かす	secarse el pelo	卒業する	graduarse
（自分の髪を）とかす	peinarse	結婚する	casarse
留まる	quedarse	心配する	preocuparse

~seで意味が、相互に〜する、強調される等に変化する再帰動詞

（互いに）会う	verse	立ち去る	irse

Lección 8

Vocabulario p.49

Escribimos en letra los números.　数字を文字で書こう。

¥ 128

_____ yenes.

Madrid
valencia
357 k.m.

_____ kilómetros.

€ 569

_____ euros.

850 chicas

_____ chicas.

1938~2014

Desde _____

hasta _____

3776 m.

_____ métros de altura.

€ 38.000

_____ euros.

Practicamos

B. 2. p.50

● Mañana es el cumpleaños de Andrés. ¿Qué _____ regalas a Andrés? (corbata)

○ _____ regalo una _____.

● Mañana es el cumpleaños de Laura. ¿Qué _____ regalas _____? (pastel)

○ _____ regalo _____ _____.

● Mañana es _____ de tu novio / novia. ¿Qué _____ regalas _____?

○ _____ regalo _____ _____. (chocolates)

● Mañana es la boda de tu amiga. ¿Qué _____ regalas _____? (un par de tazas)

○ _____.

● Mañana es _____ de tu hermano. ¿_____?

○ _____. (un marco para fotos)

● Mañana es _____ de tus padres. ¿_____?

○ _____. (el aniversario, vino)

C. 3. p.50

- ¿Te compran tus padres _____? (ordenador)
- Sí, _____ _____ compran.

- ¿Te compran tus padres _____? (moto)
- No, no _____ _____ compran.

- ¿_____ compran tus padres _____? (libros)
- Sí, _____ _____ _____.

- ¿_____ _____ tus padres _____? (revistas)
- No, _____.

D. 4. p.51

- ¿_____ das una corbata a Juan en la Navidad? (a Juan, ×corbata, vino)
- No, no _____ _____ doy. _____ doy un _____.

- ¿_____ das _____ a _____ en la Navidad? (a Mari, ×flores, guantes)
- No, no _____ _____ doy. _____ doy _____.

- ¿_____ _____ _____ a _____ en la Navidad? (a tu hermano, ×libro, camisa)
- No, no _____ _____ _____. _____ _____ _____.

- ¿_____? (a tus padres, ×chocolates, CD)
- No, _____. _____.

Avanzamos

B. 2. p.52

- ¿Qué estás haciendo? (ver un DVD en mi habitación)
- _____ _____ un DVD en mi habitación.

- ¿Qué _____ _____ ella? (buscar un regalo para una amiga)
- _____ _____ un regalo para una amiga.

- ¿Qué _____ _____ vosotros? (llevar un árbol de Navidad)
- _____ _____ _____.

- ¿_____ _____ ella? (leer unas tarjetas de Navidad)
- _____.

● ¿_____ tú? (vestirse para la fiesta)

○ _____.

C.3. p.52

● ¿Me puedes esperar? (esperar)

○ Claro, _____ _____.

● ¿Me puedes _____ la respuesta? (enseñar)

○ Claro, _____ _____ _____.

● ¿Me _____ _____ tu dirección de e-mail? (dar)

○ Claro, _____ _____ _____.

● ¿_____ _____ _____ a la fiesta? (invitar)

○ _____, _____ _____.

● ¿_____? (prestar tu ordenador)

○ _____, _____ _____ _____.

Conversamos p.53

A. 1. テキストの会話を覚え、テキストを見ないで話がつながるようにBのパートを書いてみよう。_____ には目的語代名詞が入るので、注意しよう。

(B está navegando por Internet.)

A : ¿Qué estás haciendo?

B : _____

A : ¿Estás mirando los muñecos de peluche?

B : Sí, _____ _____ un oso de peluche _____.

   ¿Y tú, _____ _____ _____?

A : No sé, todavía no me invita.

B : No te preocupes, _____ _____. Piensa en un regalo para ella.

A : Le voy a regalar una torta de cumpleaños. Le gustan mucho las tortas.

B : Bien, tú _____ _____ _____. Y yo _____ _____.

A : A Mari no le gustan los peluches, le interesa más leer y la música.

B : Entonces, _____ _____.

   ¿_____ _____ _____?

A : Sí, cómo no.

次に、Aのパートを書き入れよう。

A : ¿_____?

B : Estoy buscando un regalo para Mari.

A : ¿_____ _____ los muñecos de peluche?

B : Sí, le voy a regalar un oso de peluche en su fiesta de cumpleaños.

    ¿Y tú, qué le llevas?

A : _____, _____ no _____ _____.

B : No te preocupes, te va a invitar pronto. Piensa en un regalo para ella.

A : ____ _____. ____ _____.

B : Bien, tú se la llevas. Y yo le llevo un muñeco de peluche.

A : A Mari no ____ _____, ____ _____.

B : Entonces, le compro un CD o un libro.

    ¿Me puedes ayudar a buscarlo?

A : Sí, _____.

▌Más vocabulario▐ 語彙を増やそう！

ちょっとした挨拶 Exprsiones.

失礼。	Perdón.
ごめんなさい。(túに対して/ustedに対して)	Perdóname. / Perdóneme.
ご心配なく。(túに対して/ustedに対して)	No te preocupes. / No se preocupe.
ちょっとお待ちください。	Un momento, por favor.
すぐに。	En seguida.
どうぞ、お入りください。	Adelante, por favor.
え？(聞き返し)	¿Cómo?
分かりません。(理解できない)	No entiendo.
知りません。(情報がない)	No sé.
もちろん。	Claro.
了解。	De acuerdo.
OK!	Bien. / Vale. (スペインで多く使う)
気の毒に！残念！かわいそう！	¡Qué pena! ¡Qué lástima!

Lección 9

En el hospital. 書いてみよう。

DATOS PERSONALES Y SÍNTOMAS

Nombre : _____

Dirección : _____ Apellido : _____

Fecha de nacimiento : _____ día / _____ mes / _____ año Sexo : M F

Teléfono : _____

Edad : _____ años

Marcar

( ) Me duele _____

( ) Tengo fiebre (_____ grados), tos, vómito, _____ desde hace _____ (horas·días·meses).

( ) No tengo apetito.

( ) Tengo alergia a _____ .

Practicamos

A. 1. p.56

● ¿Te sientes mal? (muela)

○ Sí, me duele la _____ .

● ¿Te sientes _____? (pies)

○ Sí, _____ duelen _____ .

● ¿_____? (garganta)

○ Sí, _____ .

● ¿Te sientes mal? (estómago)

○ Sí, _____ duele el _____ .

● ¿_____ sientes _____? (ojos)

○ Sí, _____ _____ _____ .

B. 2. p.56

● ¿Qué te pasa? (enfadado)

○ Estoy _____ /a.

● ¿_____ te pasa? (feliz)

○ _____ _____ .

● ¿_____ os _____? (enfadado)

○ Estamos _____ .

● ¿Qué te pasa? (triste)

○ _____ _____ .

● ¿_____ _____ _____? (nervioso)

○ _____ _____ .

● ¿_____? (preocupado)

○ Estamos _____ .

C. 3. p.56

● Me duele la _____. (cabeza, tomar medicina)

○ Tienes que _____ _____.

● _____ duele _____. (garganta, hacer gárgaras)

○ Tienes _____ _____.

● Estoy muy _____. (cansado, descansar)

○ Tienes _____ _____.

● _____ _____. (estómago, ir al hospital)

○ Tienes _____ _____.

● Tengo _____. (frío, ponerse el jersey)

○ _____ _____ _____.

● _____ _____. (resfriado, quedarse en cama)

○ _____.

D. 5. p.57

A: Quiero estudiar solo/sola.

B: Pues, (命令形)_____ en la biblioteca.

A: _____. (hacer paella)

B: Pues, _____ al supermercado.

A: ¿Puedo tomar esta revista?

B: Cómo no. _____, por favor. (代名詞を使う)

A: ¿_____? (volver a casa)

B: Cómo no. _____, _____.

A: Quiero hacer ejercicio.

B: Pues, (命令形) _____ al tenis.

A: _____. (invitar a mis amigos)

B: Pues, _____ barbacoa.

A: ¿Puedo _____? (abrir la ventana)

B: Cómo no. _____, por favor. (代名詞を使う)

A: ¿_____? (pedir café)

B: Cómo no. _____, _____.

E. 6. p.57

● Me duele la cabeza. (tomar medicina)

○ (命令形) _____.

● Estoy muy cansado. (descansar)

○ (命令形) _____.

● Tengo frío. (ponerse el jersey)

○ (命令形) _____.

● Me duele la garganta. (hacer gárgaras)

○ (命令形) _____.

● Me duele el estómago. (ir al hospital)

○ (命令形) _____.

● Estoy resfriado. (quedarse en cama)

○ (命令形) _____.

Avanzamos

A. 1. p.58

● ¿Qué le pasa a ella? (Ella está triste.)

○ Creo que _____ .

● ¿Qué _____ _____ a él? (A él le duele la cabeza.)

○ _____ que _____ .

● ¿_____ _____ _____ a ellos? (Ellos están enfadados.)

○ _____ .

● ¿_____ _____ _____ a él? (A él le duelen los pies.)

○ _____ .

B. 2. p.58

● ¿Qué dice el médico? (tomar la medicina después de comer)

○ Dice que tengo que _____ _____ después de comer.

● ¿Qué _____ el médico? (tomar la medicina antes de acostarse)

○ _____ que _____ _____ antes de _____ .

● ¿_____ _____ el médico? (descansar bien)

○ _____ que _____ .

● ¿_____? (comer muchas verduras)

○ _____ .

C. 3. p.58

● ¿Qué dice la receta? (tomar la medicina cada 6 horas)

○ Dice que hay que _____ .

● ¿Qué dice la receta? (tomar la medicina 2 horas antes de dormir)

○ _____ que hay que _____ .

● ¿Qué _____ el anuncio? (no comer aquí)

○ _____ que no _____ _____ _____ .

● ¿_____ _____ el anuncio? (quitarse los zapatos)

○ _____ .

A. 1. テキストの会話を覚え、テキストを見ないで書いてみよう。

A : ¡Hola! ¿ _____? どうかしたの？

B : No estoy bien estos días...

A : ¿Cómo te sientes?

B : _____. 頭がすごく痛いんだ。

A : ¿Y qué más? _____. 私に言って。

B : Me duele el estómago también.... Y _____. 熱があると思うんだ。

A : _____ y _____ 医者に行って、なぜなのか聞きなさい。

B : No me gusta ir al hospital.

A : _____. _____. 医者に行かなきゃ。すぐ行きなさい。

B : Sí, sí, voy a ir.

(Después de ir al hospital.........)

A : ¿_____? 医者は何と言っているの？

B : Nada serio. _____.
　　　　　　　　　薬を飲んでよく休まなければいけないって、言っているよ。

A : ¿Por qué no tomas algo ligero? _____.
　　　　　　　　　食べた後で薬を飲みなさい。

B : Gracias por tu consejo. Eres una amiga muy buena.

A : Claro. Tú eres un poco perezoso. Y _____.
　　　　　　　　　私がよくアドバイスしないと。

　　Estoy preocupada, de verdad.

Más vocabulario 語彙を増やそう！

スポーツ選手

			商店		
fútbol	→	futbolista	libro	→	librería
tenis	→	tenista	zapato	→	zapatería
béisbol	→	beisbolista	reloj	→	relojería
baloncesto	→	jugador de ...	flor	→	florería
nadar	→	nadador	juguete	→	juguetería
esquiar	→	esquiador	fruta	→	frutería
patinar	→	patidador	verdura	→	verdulería
atletísmo	→	atleta	pan	→	panadería
subir a la montaña	→	alpinista	carne	→	caenicería
karate	→	karateka	lavar la ropa	→	lavandería
sumo	→	luchador de sumo	pelo	→	peluquería

Lección 10

Vocabulario p.61

Escribimos el participio pasado.

過去分詞形を書こう。

1. escribir
2. desayunar
3. **abrir**
4. dormir
5. comprender
6. decir
7. salir
8. hacer
9. estudiar
10. volver
11. tomar
12. comer
13. tener
14. ver

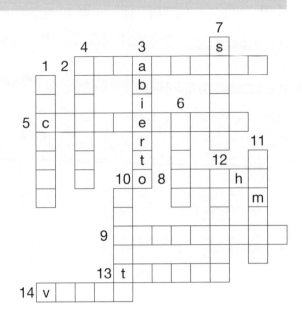

Practicamos

B. 2. p.62

● ¿Has viajado a Kioto alguna vez? (viajar a Kioto)

○ Sí, he viajado. / No, todavía _____ _____ _____.

● ¿_____ _____ a Tokyo Skytree _____? (ir a Tokyo Skytree)

○ Sí, _____ _____. / No, todavía _____ _____ _____.

● ¿_____ alguna vez? (ver una película argentina)

○ Sí, _____ algunas. / No, todavía _____ _____ninguna.

● ¿_____? (comer comida mexicana)

○ Sí, _____ tacos. / No, todavía _____ _____ comida mexicana.

● ¿_____? (escribir un e-mail en español)

○ Sí, _____ algunos. / No, _____ _____ _____ ninguno.

C. 4. p.62

● ¿Cuántas veces has viajado a Kioto? (viajar a Kioto, 2)

○ He viajado dos veces. / Nunca _____ . / No _____ nunca.

● ¿Cuántas veces _____ a Tokyo Skytree? (ir a Tokyo Skytree, 1)

○ _____ _____ vez. / _____ _____ nunca.

● ¿_____ _____ _____? (ver películas argentinas, 2 ó 3)

○ _____ _____ películas / Nunca _____ ninguna.

42

● ¿_____ _____? (comer comida mexicana, algunas)
○ La _____ _____ veces. / Nunca _____ _____ .

● ¿_____? (escribir un e-mail en español, muchos)
○ _____ muchos. / _____ _____ ninguno.

D. 5. p. 63

● ¿Sabes _____? (esquiar, esquiar en Nagano y Hokkaido)
○ Sí, _____ _____ bien. He esquiado en Nagano y en Hokkaido.
● Enséñame, por favor.
○ Claro, te enseño.

● ¿_____ _____? (hacer paella, aprender en España)
○ Sí, _____ _____ . _____ .
● _____ , por favor.
○ Claro, _____ _____ .

● ¿_____? (conducir el coche, conducir por todo Japón)
○ Sí, _____ . _____ .
● _____ , _____ .
○ _____ , _____ _____ .

E. 6. p. 63

(poner, echar, añadir, mezclar, cocer, dejar, servir)

Se pone el pollo, luego _____ las cebollas y los tomates, también las gambas y
los mariscos. _____ el arroz y el agua, luego _____ el azafrán y la sal, y
_____ todo. Después _____ 20 minutos, y _____ 15 minutos
más.
Ya está. La _____ .

Avanzamos

A. 1. p. 64

● ¿Conoces _____? (Kioto, muchas veces)
○ Sí, lo _____ muy bien. He ido allí _____ .
● ¿Conoces _____? (Estados Unidos, ir allí dos veces)
○ Sí, ____ _____ muy bien. _____ .
● ¿_____ a _____? (el profesor López, aprender español con él)
○ Sí, ____ _____ _____ . _____ .
● ¿_____? (la profesora White, aprender inglés con ella)
○ Sí, _____ . _____ .

43

B. 2. p. 64

● ¿Cómo se va a la estación? (ir recto, a la derecha)

○ _____ recto, se encuentra _____.

● ¿_____ ___ _____ a la estación? (cruzar la avenida, doblar a la izquierda)

○ _____ la avenida, y _____ a la izquierda. _____ a la derecha.

● ¿_____? (ir recto, tardar 20 minutos a pie, a la izquierda)

○ _____, _____ 20 minutos _____. _____.

C. 3. p. 64

● Perdón. ¿Puede decirme dónde está _____? (バス停/最初を右に、病院の前)

○ Sí, cómo no. La primera _____, _____ hospital.

● Perdón. ¿_____ dónde está _____?
(地下鉄の駅/2番目を左に、銀行とホテルの間)

○ Sí, _____. _____ a la izquierda, _____ el hotel _____ el banco.

● _____ · ¿_____?
(コンビニ/3番目を左に、学校の隣に)

○ Sí, _____. _____, _____.

Conversamos p. 65

A. 1. テキストの会話を覚え、p.65の地図を見ながら道案内をするBのパートを書いてみよう。

A : Perdón, ¿conoce Ud. por aquí?

B : Sí, _____. ¿Le ayudo?

A : Gracias. ¿Puede enseñarme dónde está el parque?

B : _____. _____ el Hotel Prado.

A : Hasta el Hotel Prado, ¿no?

B : Sí, luego allí _____, _____.

A : ¿Cuánto se tarda hasta el parque?

B : _____

A : Muchas gracias.

B : ¿_____ al Museo Nacional? _____.

A : No, no he ido todavía. ¿Dónde está?

B : _____.

A : Bueno, también voy. Muchas gracias.

B : _____. _____.

次に、道をたずねる旅行者Aのパートを書き入れよう。

A： _____, ¿_____?

B： Sí, conozco bien. ¿Le ayudo?

A： Gracias. ¿_____ el parque?

B： Cómo no. Primero se va todo recto hasta el Hotel Prado.

A： _____, ¿no?

B： Sí, luego allí se dobla a la izquierda, ya se encuentra al fondo.

A： ¿_____?

B： Caminando unos 15minutos....

A： Muchas gracias.

B： ¿Ha ido Ud. al Museo Nacional? Es muy interesante.

A： No, _____. ¿_____?

B： Está muy cerca del parque.

A： Bueno, _____. _____.

B： De nada. Que le vaya bien.

Más vocabulario 語彙を増やそう！

乗り物　Transportes

自転車	bicicleta	タクシー	taxi
地下鉄	metro	トラック	camión
船	barco	大通り	avenida
新幹線	tren Bala	高速道路	autopista
路面電車	tranvía	信号	semáforo

建物と場所　Edificios y lugares

大使館	embajada	バル、居酒屋	bar, taberna
旅行代理店	agencia de viajes	露店	puesto
薬局	farmacia	駐車場	aparcamiento（スペイン）
ショッピングセンター	centro comercial		estacionamiento（中南米）
デパート	grandes almacenes	橋	puente
空港	aeropuerto		

Lección 11

Vocabulario p.67, 68

Presente		Pretérito Indefinido
nadar		_ser, ir_

volvimos   puedes   nadáis   doy
coméis   estuviste   costó   limpias
escribo   fuimos   empieza   echan
aprendimos   tuvo   buscaron   vio
escucha   leyó   dejo   os quitáis
dijeron   jugasteis   abren   entra
vine   se acuesta   cierro   quedaste
cené   duerme   salió   regalasteis
pidió   te lavas   hizo   practican

Practicamos

A. 2. p.68

estudiar en la biblioteca
Yo estudié _____.
Tú _____.
Nosotros _____.

leer el periódico
Él _____.
Yo _____.
Ellos _____.

comer solo
Yo _____.
Nosotros _____.
Tú _____.

venir a la universidad
Yo _____.
Nosotros _____.
Vosotros _____.

aprender inglés
Nosotros _____.
Ella _____.
Ellos _____.

hacer deporte
Yo _____.
Nosotros _____.
Él _____.

ir al supermercado
Ella _____.
Yo _____.
Ellos _____.

B. 4. p.69

● ¿Cuándo limpiaste la habitación por última vez? (limpiar la habitación, anteayer)

○ La _____ anteayer.

● ¿Cuándo _____ por última vez? (ir al supermercado, la semana pasada)

○ _____.

● ¿_____ _____ _____? (ver una película, el mes pasado)

○ _____ _____ _____.

● ¿_____ vosotras _____? (ir de compras, hace 3 días)

○ _____ _____.

46

● ¿_____ _____ vosotros en unas aguas termales _____ ___?

○ ___ _____. (bañarse, el año pasada)

C. 5. p.69

● ¿Cuándo _____ a aprender inglés? (empezar, 10歳の時／中学生で)

○ _____ a aprenderlo _____.

● ¿Cuándo _____ John Lennon? (morir, 約40年前)

○ _____.

● ¿_____ _____ la Copa Mundial de Brasil? (ser, 2014年)

○ _____.

● ¿_____ _____ un terremoto grande en Tohoku? (haber, 2011年)

○ _____ uno en Tohoku _____.

Avanzamos

B. 3. p.70

● ¿Dónde nació él? (nacer, Cuzco)   ● ¿_____ _____ él? (crecer)

○ _____ _____ en 1930.   ○ _____ allí.

● ¿Cuándo __ _____ él de Cuzco a Lima? (mudarse, 16 años)

○ _____ a los _____.

● ¿_____ _____ él en la universidad? (entrar, 18 años)

○ _____ _____.

● ¿Dónde _____ él? (empezar a trabajar, una escuela)

○ _____ como profesor.

● ¿A quién _____ él en la fiesta? (conocer, una argentina)

○ _____ a _____.

● ¿_____ _____ él? (casarse, esa argentina)

○ _____ con _____.

● ¿_____ hijos _____ ellos? (tener, 3 hijos)

○ _____ 3 hijos.

● ¿_____ _____ ellos antes de jubilarse? (viajar, a Japón)

○ _____.

● ¿_____ _____ él? (morir, Buenos Aires)

○_____.

Conversamos p.71

A. 1. テキストの会話をよく読んで、テキストを見ないで動詞の時制や形を考えて書いてみよう。

A : ¿Qué estás _____? (hacer)

B : Estoy _____ sobre el Che Guevara. ¿_____ quién es? (leer, saber)

A : Sólo _____ su nombre. ¿Qué _____ él? (saber, hacer)

B : _____ un revolucionario. Primero _____ con Fidel Castro en Cuba. (ser, luchar)

A : ¿Sí? _____ su vida. (contar)

B : Bien. Él _____ en Argentina, en una familia rica. (nacer)

A : ¿Qué _____? (estudiar)

B : _____ medicina, _____ ser médico. (estudiar, querer)

A : Y ¿por qué _____ revolucionario? (hacerse)

B : Porque _____ dos veces por Sudamérica de joven, y _____ a mucha gente pobre.
(viajar, ver)

A : ¿Cuándo _____ la revolución? (hacer)

B : En 1959 la _____, luego el Che _____ a África y _____ a Sudamérica
donde _____. (ganar, ir, volver, morir)

A : ¿Cuándo _____? (morir)

B : _____ en 1967 en un pueblo pequeño de Bolivia. (morir)
Lo _____ el ejército boliviano. (matar)

A : ¡Qué pena! Ahora yo también _____ averiguar más sobre él. (querer)

Más vocabulario 語彙を増やそう!

動詞　Verbos (*は現在形で不規則動詞、語根母音変化動詞)

貯める	ahorrar	選ぶ	elegir*
	Ahorro dinero para el viaje.	説明する	explicar
昼食を取る	almorzar*	費やす	gastar
賃貸し (賃借り) する	alquilar		Hemos gastado mucho por el viaje.
	Alquilamos una bicicleta para pasear.	支払う	pagar
降りる、下げる	bajar	出発する	partir
	Bajo en la tercera parada.		Él partió de Madrid a Tokio ayer.
歩く	caminar	参加する	participar en～
建設する	construir*		Ella participó en las Olimpiadas.

gustar と同じ文の型になる動詞

大好きである	encantar	興味がある	interesar
	Me encanta bailar.		Me interesa la historia de España.

Lección 12

¡Imagínatelo!

Ahora buscamos algo en Internet si no lo sabemos, antes

Ahora nos interesa más la energía solar, pero antes

Ahora escribimos e-mails para comunicarnos, pero antes

Ahora el fútból es tan popular como el béisbol en Japón, pero antes

Ahora hay muchos luchadores de sumo extranjeros, pero antes

Ahora usamos una tarjeta de prepago para entrar en la estación, pero antes

Ahora muchos futbolistas profesionales japoneses juegan en el mundo, pero antes

Ahora comemos más pan y pasta, pero antes

Practicamos

B. 2. p.74

(tranquila, jugar a las muñecas todos los días)
- ● ¿Cómo eras de niña?
- ○ Era muy _____.
- ● ¿Qué hacías entonces?
- ○ _____.

(callado, pintar y dibujar en casa)
- ● ¿Cómo _____ _____ _____?
- ○ _____ muy _____.
- ● ¿Qué _____ entonces?
- ○ _____.

(tímida, estar detrás de mi hermano)
- ● ¿_____?
- ○ _____.

(activo, jugar fuera hasta muy tarde)
- ● ¿Cómo _____ de niño?
- ○ Era muy _____.
- ● ¿Qué _____ entonces?
- ○ _____.

(hablador, siempre preguntar "¿Por qué?")
- ● ¿Cómo _____ _____ _____?
- ○ _____ muy _____.
- ● ¿_____ _____ entonces?
- ○ _____.

● ¿_____? （答は自由に書いてみよう）

○ _____.

C. 4. p.75

● ¿Qué querías ser cuando eras niño? (piloto, viajar por todo el mundo)

○ Soñaba con ser _____, y _____.

● ¿Qué _____ _____ cuando eras niña? (florita, hacer arreglos con flores)

○ Soñaba con _____ _____, y _____.

● ¿Qué _____ _____ cuando eras niña? (maestra de jardín de niños, jugar con ellos)

○ Soñaba con _____ _____, y _____.

● ¿Qué _____ _____ cuando _____ niña? (pianista, tocar con una orquesta famosa)

○ Soñaba con _____ _____, y _____.

● ¿Qué _____ _____ _____ _____ niño? (bombero, apagar incendios)

○ Soñaba _____ _____ _____, y _____.

● ¿_____ _____ _____ _____ _____ niña? (pastelera, hacer pasteles todos los día)

○ _____, y _____.

● ¿_____ _____ _____ _____ _____ niño? (futbolista, ganar la Copa Mundial)

○ _____, y _____.

D. 5. p.75

● ¿Qué hacías cuando tenías 15 años? (hacer una banda de rock / ensayar en el gimnasio)

○ _____, y _____.

● ¿Qué _____ cuando tenías 15 años? (enamorarse de un/a chico/a / escribirse e-mails)

○ _____, y _____.

● ¿Qué _____ cuando _____ 15 años? (aprender a tocar el piano / ganar en un concurso)

○ _____, y _____.

● ¿_____? (conocer a un/a chico/a / siempre salir juntos)

○ _____, y _____.

Avanzamos

B. 2. p.76

(ver la Piedra de los 12 ángulos, hacer fotos)

Cuando Mari _____, muchos turistas _____.

(probar la comida típica, estar muy rica)

Mari _____ _____, _____.

(entrar en una peña, escuchar música folklórica y bailar)

Cuando Mari _____, los turistas _____.

(bailar con los turistas)

Mari _____.

(ir a Machu Picchu en tren, cambiar al autobús para llegar allí)

Al día siguiente Mari _____, luego _____.

(hacer muy buen tiempo, de repente empezar a llover)

_____, pero _____.

(subir a Huayna Picchu, impresionar el paisaje)

Mari _____ y le _____.

(vender recuerdos, comprar muchos)

En las calles _____, Mari _____.

Conversamos p.77

A. 1. テキストの会話をよく読んで、テキストを見ないで動詞の時制に注意して書いてみよう。

A : ¿Cómo eras de niño?

B : Yo _____, pero _____.
　　　　ぼくはおとなしくて、恥ずかしがり屋だった、　　　　　サッカー選手になることを夢見ていたよ。

　　 Y tú, ¿ qué querías ser?

A : _____, también muchas niñas querían.
　　　　私はお花屋さんになりたかったわ。

　　 ¿Jugabas al fútbol de niño con tus amigos?

B : No tenía amigos, pero _____.
　　　　　　　　5, 6歳の頃、父親がいつも一緒に遊んでくれていたよ。

A : ¿En la escuela practicabas?

B : Sí, _____, y en la secundaria también.
　　　　小学校でサッカークラブに入っていたよ。

　　 _____, _____.
　　　　チームのキャプテンになって、　　　　　地方大会で1回優勝したよ。

A : ¿Seguiste practicando en el instituto?

B : Bueno, sí un poco, pero _____ para entrar en la universidad
　　　　　　　　試験の準備もしなければならなかった

　　 y _____. 以前のようにプレーはできなかったんだ。

A : ¿Y ahora?

51

B : Juego en un club con mis amigos, pero _____.

でも卒業するほうに興味は向いているけど。

A : Bueno, eso es normal.

B : Ahora tú, cuéntame cómo eras de niña.

B. 4. p.77

1) ¿A dónde fuiste? ¿Con quién? ¿Cuántos días? ¿En qué fuiste?

_____

2) ¿Qué visitaste? ¿Qué había allí?

_____

3) ¿Qué tiempo hacía?

_____

4) ¿Qué te impresionó más?

_____

5) ¿Qué viste?

_____

6) ¿Qué comida y bebida probaste? ¿Qué tal estuvo/estaba la comida?

_____

7) ¿Compraste recuerdos? ¿Qué y para quién?

_____

‖ Más vocabulario ‖ 語彙を増やそう！

職業　Profesiones

俳優	actor, actriz	経営者	empresario
アーティスト	artista	大統領、社長	presidente
カメラマン	fotógrafo	総理大臣	primer ministro
エンジニア	ingeniero	大臣	ministro
作家	escritor	市（町、区）長	alcalde

形容詞　Adjetivos

興味深い	interesante	古い時代の	antiguo
面白い、楽しい	divertido	奇妙な	extraño
つまらない、退屈な	aburrido	重要な	importante
強い	fuerte	危険な	peligroso
気持ちよい、楽しい	agradable	人気のある	popular

イラストで楽しもう、スペイン語！
改訂版
練習ノート（非売品）

Ⓒ2015 年 3 月 10 日　初　版　発　行
2017 年 2 月 20 日　第 2 刷　発　行
2021 年 1 月 30 日　改訂初版発行

著　者	浦　眞佐子／フランシスコ・パルティダ
発行者	原　雅久

発行所　　　　　　朝日出版社

〒101-0065 東京都千代田区西神田 3-3-5
電話 03 (3239) 0271
FAX03 (3239) 0479
振替口座 00140-2-46008
http://www.asahipress.com/

印刷・製本　　　　信毎書籍印刷（株）